Mythologica Cosmos

MYTHOLOGIE GRECQUE

Voyage au cœur des Mythes grecs, à la découverte des Dieux, Héros et Monstres de la Culture grecque

D1723841

MYTHOLOGIE GRECQUE

Sommaire

INTRODUCTION

Bienvenue dans un voyage fascinant à travers les méandres de la mythologie grecque, un monde où les dieux règnent en maîtres, où les héros se dressent contre l'adversité, et où les créatures fantastiques errent dans l'obscurité. Ce livre est une invitation à explorer l'essence même de l'humanité, à travers les récits intemporels qui ont captivé l'imagination de générations de conteurs, de poètes et de lecteurs.

La mythologie grecque, tissée de mythes, de légendes et de divinités, transcende les époques pour révéler les profondeurs de l'âme humaine. Elle nous parle de l'amour et de la haine, de la bravoure et de la peur, de la gloire et de la tragédie. Elle explore les notions d'héroïsme, de sacrifice et de destin, offrant des perspectives sur les questions fondamentales de la condition humaine.

À travers les pages qui suivent, nous vous invitons à plonger dans un monde où le Chaos lui-même a donné naissance à l'univers, où les dieux, imprévisibles et tout-puissants, ont forgé le destin des hommes, où les héros, avec leurs forces et leurs faiblesses, ont conquis l'impossible. Ce voyage nous mènera des origines du monde, à travers la chute des Titans et l'avènement des Olympiens, jusqu'à l'ascension de ces dieux qui ont instauré un nouvel ordre.

Au fil des chapitres, vous ferez la connaissance des douze grands dieux de l'Olympe, chacun doté de caractéristiques et d'intrigues qui leur sont propres. De Zeus, le roi des dieux, à Athéna, la déesse de la sagesse, en passant par Dionysos, le dieu du vin et de la fête, chacun de ces dieux façonne le monde et les destins des mortels à sa manière.

Vous découvrirez également les héros légendaires et leurs aventures épiques. Les exploits d'Héraclès, Thésée, Ulysse et bien d'autres révéleront des récits de bravoure, de ruse et de sacrifice, tout en explorant les complexités de la nature humaine.

Les épopées de l'Iliade et de l'Odyssée, deux des œuvres les plus célèbres de la littérature antique, vous entraîneront dans les tumultes de la guerre de Troie et les péripéties du voyage d'Ulysse pour retourner chez lui. Ces récits captivants sont le reflet des défis auxquels sont confrontés les mortels, ainsi que des triomphes et des tragédies qui les attendent.

Enfin, nous vous présenterons les créatures et les monstres de la mythologie grecque, des êtres énigmatiques qui hantent les ombres de ce monde légendaire. De la Chimère au Minotaure, du Sphinx aux Harpies, ces créatures incarnent les défis que les héros doivent surmonter dans leur quête de grandeur.

Que vous soyez un passionné de mythologie ou que vous découvriez ces récits pour la première fois, ce livre vous transportera dans un monde de merveilles et d'émotions, où chaque page révèle une nouvelle facette de l'humanité. Préparez-vous à être émerveillé, à être ému et à être inspiré par les trésors de la mythologie grecque qui ont survécu à travers les siècles pour illuminer notre imagination.

Votre avis compte !

*Une fois que vous aurez fini ce livre,
partagez votre avis sur Amazon.*

*Votre retour d'expérience sera utile pour
les futurs lecteurs.*

*Je suis impatient de voir comment ce livre
a eu un impact sur vous.*

*Merci d'avance pour votre contribution et
bonne lecture !*

PARTIE 1

LES ORIGINES DU MONDE ET DES DIEUX

Chapitre 1
DU CHAOS A LA CREATION

Le Chaos Originel : Exploration du Néant Primordial et la Naissance des Premières Entités

Au commencement de toutes choses, il n'existait rien d'autre que le Chaos. Ce n'était pas le chaos au sens de désordre, mais plutôt un état primordial indifférencié, une obscurité abyssale qui préexistait à toute forme de création. Dans cette ténébreuse immensité, le vide était le seul maître, et l'ordre n'avait pas encore trouvé sa place.

Le Chaos était l'incarnation même du vide, du néant. Il était dépourvu de contours, de formes ou de limites. C'était un univers en perpétuel mouvement, une entité abstraite qui résistait à toute tentative de définition. Là où il n'y avait rien, il y avait le Chaos.

Pourtant, de ce néant, des premières entités émergèrent, semblant naître de l'obscurité même du Chaos. Parmi ces entités, trois se démarquèrent par leur importance dans la genèse du monde tel que nous le connaissons.

La première de ces entités fut Gaïa, la Terre. Gaïa était la personnification de la Terre elle-même, une force primordiale qui allait devenir le fondement sur lequel toutes les créations futures reposeraient. Elle symbolisait la stabilité, la fertilité et la maternité. Gaïa était la mère de toutes les choses, le sol nourricier d'où naîtrait la vie.

L'autre entité qui émergea du Chaos fut Éros, l'Amour. Éros était la force qui unissait toutes les choses, le lien qui créait des liens entre les êtres et les éléments du monde naissant. Il incarnait le désir et l'attraction, et c'est grâce à lui que les dieux, les hommes et toutes les créatures à venir seraient poussés à s'unir et à créer.

Enfin, le troisième être issu du Chaos était Tartare, l'Abysse. Tartare était l'opposé de Gaïa. Il représentait les profondeurs insondables et les abîmes inexplorés. Tartare était l'endroit où tout retournerait finalement, le lieu des châtiments et des damnations. Il était l'incarnation même de la séparation et de la dissolution.

Ainsi, ces trois premières entités, Gaïa, Éros et Tartare, étaient nées du Chaos originel, et elles étaient destinées à jouer des rôles fondamentaux dans la création du monde. Gaïa fournirait la base solide sur laquelle la vie s'épanouirait, Éros favoriserait les connexions et les relations entre toutes les choses, et Tartare serait le destin ultime de tout ce qui naîtrait.

Ces entités primordiales étaient les précurseurs des dieux olympiens et des titans, des créatures mythiques et des héros légendaires. Elles étaient les fondations de la mythologie grecque, et leur émergence marqua le début de l'aventure fascinante qui allait suivre, une aventure que nous allons explorer en détail dans les chapitres à venir.

L'Émergence de Gaïa et Ouranos: La formation de la Terre et du Ciel, et leur union symbolisant la création du monde

Après la naissance du Chaos et des premières entités, un ordre commença à émerger dans ce monde en devenir. Cet ordre prit forme grâce à Gaïa, la Terre, et Ouranos, le Ciel. Leur union allait symboliser la création du monde tel que nous le connaissons.

Gaïa, en tant que personnification de la Terre, était un être de nature fertile et créative. Elle était l'essence même de la stabilité et de la fertilité, un monde en soi, où toutes les formes de vie trouveraient leur domicile. Sa beauté résidait dans sa diversité, une mosaïque d'écosystèmes, de montagnes majestueuses, de rivières nourricières et de vastes plaines verdoyantes.

Ouranos, le Ciel, était son complément parfait. Il représentait la sphère céleste qui recouvrait la Terre de son dôme infini. Sa nature était plus abstraite, mais tout aussi importante. Ouranos était le père du ciel étoilé, le maître des cieux nocturnes et le gardien des éléments atmosphériques. Son union avec Gaïa était l'étreinte de deux mondes complémentaires, l'union du ciel et de la terre.

Leur amour, bien que divin, était une histoire d'attraction magnétique. Gaïa, nourricière de toute vie, aspirait à être comblée par la caresse d'Ouranos. Leurs étreintes passionnées faisaient naître la vie sur Terre, et leur union était le souffle de vie qui animait la nature. Chaque rencontre entre eux était une étreinte passionnée entre deux amants célestes, dont les conséquences étaient des merveilles terrestres.

Mais cette union n'était pas sans heurts. Ouranos, en tant que maître des cieux, se montrait souvent distant et imperturbable. Il refusait de descendre complètement vers Gaïa, ce qui causait des souffrances à la Terre. Gaïa était encombrée par les montagnes et les forêts épaisses, ne pouvant pas donner vie à tout ce qu'elle désirait. Elle souffrait en silence, ressentant le besoin de se libérer de cette étreinte oppressante.

C'est ainsi que commença la première révolte dans l'histoire mythologique, orchestrée par Gaïa elle-même. Elle encouragea ses enfants à se rebeller contre leur père céleste. Les Titans, créatures puissantes et majestueuses, étaient les premiers fruits de cette union entre Gaïa et Ouranos. Ils étaient les enfants du Ciel et de la Terre, et leur puissance dépassait celle de tout ce qui avait été créé jusqu'alors.

La révolte des Titans contre Ouranos serait le début d'une série d'événements qui façonneraient le monde grec et sa mythologie. La violence de cette bataille était à la hauteur des conflits divins, et le sang de Ouranos se répandit sur la Terre, donnant naissance à des créatures étranges et terrifiantes.

La Progéniture de Gaïa et Ouranos: Naissance et Rôles des Titans, des Cyclopes et des Hécatonchires

Au lendemain de la révolte des Titans et de la chute d'Ouranos, le monde était en ébullition. Gaïa, la Terre, libérée de l'oppression de son union avec le Ciel, était prête à donner naissance à une nouvelle génération d'êtres divins. C'est ainsi que naquirent les Titans, les Cyclopes et les Hécatonchires, chacun avec un rôle spécifique à jouer dans le destin du cosmos.

Les Titans, issus de Gaïa et Ouranos, étaient les premiers nés de cette nouvelle génération. Ils étaient douze en tout, six frères et six sœurs, dont les noms devinrent célèbres dans la mythologie grecque. Parmi les Titans, Cronos devint le plus connu, et il serait destiné à régner sur les dieux olympiens, mais nous y reviendrons plus tard.

Les Cyclopes, quant à eux, étaient des êtres dotés d'une singularité intrigante. Ils étaient également issus de Gaïa et

Ouranos, mais ce qui les distinguait était leur singularité physique : ils avaient un seul œil au milieu de leur front. Gaïa les créa pour des raisons spécifiques : ils étaient les forgerons des dieux, capables de créer des armes et des outils divins d'une puissance inégalée. Leur rôle dans la mythologie était essentiel pour la suite des événements.

Les Hécatonchires, dont le nom signifie "cent mains" en grec, étaient une progéniture encore plus énigmatique de Gaïa et Ouranos. Chacun d'entre eux avait non seulement cent mains, mais aussi cinquante têtes. Ils étaient des êtres colossaux, gigantesques et chaotiques. Leur rôle dans la création du monde était d'apporter un élément de tumulte et de pouvoir brut, nécessaire pour maintenir l'équilibre des forces divines.

Les Titans, les Cyclopes et les Hécatonchires, chacun avec sa propre nature et son propre rôle dans l'ordre cosmique, symbolisaient la diversité inhérente au monde. Ils étaient les précurseurs des dieux olympiens et des créatures mythiques qui peupleraient plus tard la mythologie grecque.

Cependant, l'émergence de cette progéniture ne fut pas sans conflit. Cronos, l'un des Titans, en vint à régner sur ses frères et sœurs après avoir renversé son père, Ouranos. Ce pouvoir pris par les Titans allait avoir des conséquences significatives, donnant naissance à une lutte de pouvoir qui conduirait à des événements majeurs, tels que la naissance de Zeus et la grande guerre des Titans contre les dieux olympiens.

Les Titans, les Cyclopes et les Hécatonchires, avec leurs caractéristiques uniques et leurs rôles distincts, étaient les premiers acteurs de ce drame cosmique qui allait se dérouler sous nos yeux, une histoire captivante de pouvoir, de trahison et de divinité.

Chapitre 2
LA CHUTE DES TITANS ET L'AVENEMENT DES OLYMPIENS

La Tyrannie d'Ouranos et la Rébellion de Cronos: Comment Cronos renverse Ouranos et prend le pouvoir

Dans les profondeurs du temps mythique, une ère de tyrannie régnait sur le cosmos grec. Ouranos, le Ciel, régnait en despote sur le monde, exerçant un contrôle brutal sur la Terre (Gaïa) et ses enfants divins. La cruauté d'Ouranos se manifestait par sa décision de maintenir ses fils Cyclopes et Hécatonchires emprisonnés, refusant de les laisser voir la lumière du jour. Sa cruauté s'étendait également à sa propre progéniture, les Titans, qu'il craignait et opprimait.

Parmi les Titans, Cronos se distinguait par son courage et sa détermination à mettre fin à cette tyrannie. Gaïa, la Terre, avait prophétisé que l'un de ses fils renverserait Ouranos, et Cronos prit cette prophétie à cœur. Il ressentait l'oppression de son père et était prêt à tout pour libérer ses frères et sœurs emprisonnés et rétablir l'ordre dans le cosmos.

Cronos savait que pour renverser Ouranos, il devait être rusé. Il se mit à l'écoute des conseils de sa mère, Gaïa, qui lui révéla un moyen de mettre fin à la tyrannie de son père. Elle lui fabriqua une faucille d'acier, une arme puissante et secrète qu'il utiliserait pour castrer Ouranos pendant son sommeil. La créativité de Gaïa dans la fabrication de cette arme symbolisait la résilience de la Terre contre l'oppression céleste.

Le moment vint où Cronos décida de passer à l'action. Ouranos descendit pour s'unir à Gaïa, et pendant son sommeil, Cronos s'approcha furtivement avec la faucille en main. La castration d'Ouranos fut un acte brutal, mais il marqua le début de la fin de sa tyrannie. Les gémissements de douleur d'Ouranos se transformèrent en cris de colère, tandis que des gouttes de sang divin tombaient sur la Terre, donnant naissance à des créatures étranges et puissantes.

La chute d'Ouranos, causée par son propre fils, libéra la Terre de son oppression. Les Cyclopes et les Hécatonchires, enfin libérés, exprimèrent leur gratitude envers Cronos, et une alliance se forma pour renverser les Titans oppresseurs et instaurer un nouvel ordre divin.

Cronos prit le pouvoir en tant que chef des Titans, mais ce n'était que le début de son règne. La tyrannie d'Ouranos était terminée, mais le pouvoir corromprait bientôt Cronos, le conduisant à commettre des actes tout aussi cruels.

La prophétie de Gaïa, prédisant sa chute par un de ses propres enfants, planait toujours au-dessus de lui, et le conduisait à prendre des mesures drastiques pour prévenir cette destinée funeste.

Le Règne de Cronos et la Prophétie: La domination de Cronos, la prophétie de sa chute et sa tentative de l'éviter en dévorant ses enfants

Après avoir renversé son père tyrannique, Ouranos, Cronos s'éleva au pouvoir en tant que chef des Titans, inaugurant une nouvelle ère dans le cosmos grec. Cependant, ce règne n'était pas destiné à être une période de paix et de prospérité. Au contraire, il serait marqué par la paranoïa, la cruauté, et la prophétie qui pesait sur l'avenir de Cronos.

Cronos, conscient de la prophétie de Gaïa qui prédisait sa chute par un de ses propres enfants, vivait dans la crainte constante de ce destin funeste. Pour empêcher cette prédiction de se réaliser, il prit une mesure drastique : il dévora chacun de ses enfants dès leur naissance. Son acte était une tentative désespérée d'éviter que ses descendants ne deviennent sa propre perte.

Cette période de dévorations tragiques marqua profondément la mythologie grecque. Les dieux à naître, les futures divinités de l'Olympe, étaient condamnés à vivre en captivité dans le ventre de leur père. Parmi les enfants dévorés se trouvaient des figures célèbres telles que Hestia, Déméter, Héra, Hadès, et Poséidon, dont les destins étaient scellés jusqu'à ce que Zeus, le plus jeune des enfants de Cronos, réussisse à échapper à ce sort funeste.

Le règne de Cronos était marqué par la cruauté envers ses enfants et par la domination tyrannique sur le monde divin. Sa paranoïa grandissait à mesure que les années passaient, car il savait que sa propre progéniture complotait en secret pour renverser son règne et mettre fin à ses actes atroces. Pendant ce temps, Gaïa, la Terre, et Ouranos, le Ciel, observaient le chaos qui régnait sur le cosmos, tout en continuant à manœuvrer en coulisses pour façonner le destin de l'univers.

La Naissance de Zeus et la Préparation de la Révolte

Au cœur de cette saga épique, nous trouvons Zeus, le chef des Olympiens, qui, dès sa naissance, fut condamné à vivre dans l'ombre de la tyrannie de son propre père, Cronos. Vous vous souvenez peut-être que Cronos, par peur de la prédiction annonçant sa chute imminente, avait pris l'habitude de dévorer ses enfants à leur naissance. Mais la mère de Zeus, Rhéa, ne pouvait supporter cette cruauté éternellement. Sa détermination à protéger son dernier-né, Zeus, fut le point de départ de la libération à venir.

Rhéa, résolue à sauver son fils de l'appétit dévorant de Cronos, mit au monde Zeus en secret et confia à son époux une pierre enveloppée de langes, que Cronos avala sans se douter de la supercherie. Zeus fut alors caché sur l'île de Crète, sous la garde attentive des nymphes Ida et Adrastée. Les Curètes, pour étouffer les pleurs du bébé Zeus, firent retentir des bruits assourdissants, créant ainsi le couvert sonore nécessaire pour que le jeune dieu demeure insoupçonnable aux yeux de Cronos.

L'enfance de Zeus sur l'île de Crète est empreinte de merveilles et de mystères. Il grandit dans un berceau suspendu à un arbre, ne touchant ni terre ni mer, ni air. Cette précaution extrême visait à ce que son père ne le découvre jamais. Il se nourrit du lait d'Amalthée, une chèvre, et lors d'un jeu avec elle, il brisa l'une de ses cornes. Pour apaiser la chèvre, il promit que cette corne brisée verserait éternellement une abondance de nourriture, donnant naissance à la corne d'abondance, un symbole de fertilité.

Chapitre 3
L'ASCENSION DES OLYMPIENS ET L'ÉTABLISSEMENT DE L'ORDRE NOUVEAU

La Libération des Frères et Sœurs de Zeus: Le sauvetage des frères et sœurs de Zeus et la formation de l'alliance contre Cronos

Quand Zeus atteignit l'adolescence, il devint de plus en plus déterminé à prendre le trône de son père et à libérer ses frères et sœurs. Avec l'aide de Métis, il élabora un plan audacieux. Zeus fit boire à Cronos une drogue magique qui le fit vomir la pierre qu'il avait avalée, suivie de ses frères et sœurs précédemment dévorés : Hestia, Déméter, Héra, Hadès et Poséidon.

Mais la libération de ses frères et sœurs n'était que le début de la quête de Zeus pour renverser Cronos. Il forma une alliance avec les Cyclopes, qui forgèrent pour lui la redoutable Foudre, l'arme suprême des dieux. Les Cyclopes donnèrent également à Poséidon son trident et à Hadès le casque d'invisibilité, le kunée.

De plus, Zeus libéra les Hécatonchires, des créatures terrifiantes aux cinquante têtes crachant le feu et aux cent bras, que Cronos avait emprisonnées dans le Tartare. En récompense, Zeus nomma les Hécatonchires gardiens des Enfers.

Ainsi, la libération des frères et sœurs de Zeus fut le point de départ d'une série d'événements extraordinaires. Elle donna naissance à une alliance puissante et à un chef déterminé, Zeus, prêt à affronter son propre père et les Titans dans une bataille épique pour le contrôle de l'univers.

La Titanomachie : La Bataille Épique des Olympiens Contre les Titans

La Titanomachie est un conflit d'une ampleur colossale qui a façonné le destin de l'univers divin. Cette bataille épique met en scène les Olympiens, dirigés par Zeus, contre les Titans, dirigés par Cronos, le père de Zeus.

Lorsque Zeus et ses frères et sœurs furent libérés des entrailles de Cronos grâce à la ruse de leur mère Rhéa, une grande alliance se forma pour renverser la tyrannie des Titans et rétablir l'ordre. Les dieux olympiens, dont Athéna, Héra, Poséidon, Apollon, Artémis, Hermès, Hestia et Dionysos, se préparèrent pour le combat.

La bataille elle-même fut d'une ampleur inimaginable. Les Titans, avec leur incroyable puissance, firent face aux Olympiens avec une fureur dévastatrice. Les éléments de la nature furent déchaînés, les cieux grondèrent, et la terre trembla sous l'impact des affrontements titanesques. Chaque divinité olympienne déploya son pouvoir unique, utilisant sa magie et ses compétences pour contrer les attaques des Titans.

Armé de la Foudre, Zeus devint une force irrésistible sur le champ de bataille. Les éclairs qu'il lança frappèrent les Titans, les débilitant et les plongeant dans le chaos.

La Titanomachie fut un affrontement éprouvant et brutal, mais la détermination des Olympiens à renverser les Titans ne faiblit jamais. Le moment décisif arriva lorsque Zeus, aidé par ses frères et sœurs divins, réussit à emprisonner les Titans dans le Tartare, une sombre et profonde prison située dans les Enfers. Cette victoire marqua la fin du règne des Titans et l'ascension des dieux olympiens en tant que souverains de l'univers.

Suite à la Titanomachie, Zeus et ses alliés commencèrent à façonner l'ordre olympien et à établir leur autorité sur le mont Olympe. Les divinités olympiennes prirent en charge divers aspects du monde, gouvernant les cieux, les mers et les Enfers. L'univers connut une période de stabilité relative sous la gouvernance des dieux olympiens, bien que de nouveaux défis et menaces se profilassent à l'horizon.

La Gigantomachie et la Fondation de l'Ordre Olympien : Une Épopée de Puissance et de Détermination

La Gigantomachie fut une épreuve de force inégalée. Les Géants étaient des êtres gigantesques, chaotiques et puissants, dont la simple existence menaçait l'ordre nouvellement établi par Zeus et les Olympiens. Gaïa, en mère dévouée, avait créé ces monstres pour défier la suprématie des dieux de l'Olympe. Leur naissance fut un rappel de la résilience de la Terre-Mère et de sa capacité à engendrer des forces destructrices.

Cependant, Zeus et les dieux olympiens ne reculèrent pas devant ce défi. Ils se préparèrent à la bataille, rassemblant leurs forces divines pour protéger leur nouvel ordre. Cette lutte titanesque dura longtemps et fut marquée par des confrontations épiques entre dieux et Géants. Elle fut un test de la puissance et de la détermination des Olympiens à défendre leur règne naissant.

Le dénouement de la Gigantomachie fut un tournant dans l'histoire mythologique. Zeus, avec l'aide de ses frères et sœurs divins ainsi que de nombreux autres alliés célestes, triompha finalement des Géants. Ces derniers furent vaincus et précipités dans les entrailles de la Terre, là où ils avaient puisé leur force, mettant ainsi fin à leur menace.

La victoire des dieux olympiens dans cette bataille renforça leur autorité sur le cosmos. Zeus devint le souverain incontesté de l'Olympe, consolidant ainsi l'ordre divin qu'ils avaient instauré. Le règne des dieux de l'Olympe atteignit son apogée, et les fondations de la civilisation grecque furent posées.

La Gigantomachie marque ainsi un chapitre majeur de l'ascension des dieux de l'Olympe et de l'établissement de leur règne sur le cosmos, un règne qui perdurera et qui sera marqué par de nouvelles aventures et des défis à venir.

PARTIE 2

LES DOUZE GRANDS DIEUX DE L'OLYMPE

Chapitre 4
ZEUS, LE ROI DU TONNERRE ET DES CIEUX

Zeus: Roi des Dieux et Maître des Cieux

Dans notre exploration des douze grands dieux de l'Olympe, nous nous tournons maintenant vers le souverain suprême de cette assemblée divine, Zeus. Il règne en maître des cieux et incarne la puissance et la majesté au sein de la mythologie grecque.

L'origine de Zeus est profondément ancrée dans la généalogie complexe des dieux. Il est le fils de Rhéa et de Cronos, des Titans anciens qui régnaient avant lui. Son père, Cronos, avait avalé la plupart de ses frères et sœurs pour prévenir une prophétie annonçant qu'un de ses enfants le renverserait. Mais grâce à la ruse de sa mère, Zeus échappa au destin de ses frères en étant caché sur l'île de Crète, où il fut élevé en secret.

Zeus est l'incarnation même de la puissance. Son attribut le plus emblématique est la foudre, un symbole de son autorité suprême sur le ciel et la terre. Il est souvent représenté tenant un éclair dans sa main, prêt à le déchaîner sur ceux qui osent défier son règne. Sa foudre est une force destructrice et créatrice, capable de purifier et de renouveler le monde.

En tant que roi des dieux, Zeus gouverne l'Olympe, la résidence céleste des divinités grecques. Son règne est marqué par l'ordre et la justice, bien que ces notions puissent varier selon son humeur. Il est également le gardien des lois et des serments, et il veille à ce que les dieux et les mortels respectent leurs engagements. Cependant, il n'est pas dépourvu d'émotions humaines, et ses caprices et colères peuvent avoir des conséquences dramatiques.

L'Enlèvement d'Europe et la Naissance de Minos

L'histoire commence dans le paisible royaume de Phénicie, où Europe vivait une vie paisible en tant que fille du roi Agénor. Elle était célèbre pour sa beauté, qui attira l'attention de nombreux prétendants mortels et divins. Parmi eux, le dieu suprême Zeus, désireux de conquérir son cœur.

Pour séduire Europe, Zeus eut recours à un stratagème ingénieux. Il se transforma en un magnifique taureau blanc aux cornes d'or, d'une douceur et d'une docilité inégalées. Lorsque Europe et ses amies découvrirent ce taureau céleste en train de paître paisiblement sur la plage, elles furent immédiatement captivées par sa grâce et son apparence inoffensive. Europe, en particulier, s'approcha avec courage et confiance, flattant l'animal divin.

Zeus, se jouant de la situation, attendit que Europe monte sur son dos, puis il s'élança brusquement dans la mer Égée. Le voyage magique commença, Europe sur le dos du taureau divin, voguant sur les eaux scintillantes en direction de l'île de Crète. Cette épopée aquatique symbolise l'union de la nature divine et humaine, créant un récit riche en métaphores et en allégories.

Une fois arrivé à Crète, Zeus reprit sa forme divine et révéla sa véritable identité à Europe. Elle devint ainsi la reine de l'île et donna naissance à trois enfants, dont Minos, qui deviendra l'un des souverains les plus célèbres de Crète.

L'enlèvement d'Europe est un exemple classique de la façon dont les dieux grecs interagissaient avec les mortels, mêlant amour, désir et ruse divine. Cet épisode mythologique illustre également la capacité de Zeus à se métamorphoser, un trait récurrent de sa personnalité divine.

Les conséquences de cet acte ont été nombreuses. Minos, le fils de Zeus et Europe, est devenu un roi puissant et a régné sur Crète, instaurant la célèbre civilisation minoenne. L'histoire de l'enlèvement d'Europe est devenue une légende, symbole de la rencontre entre les dieux et les mortels, ainsi que de la naissance de grandes civilisations.

La Punition de Prométhée

Dans la mythologie grecque, Prométhée est une figure emblématique, souvent associée à la créativité humaine et au désir de l'humanité de maîtriser la nature. Son acte le plus célèbre est le vol du feu sacré et sa transmission aux hommes, ce qui a joué un rôle crucial dans le développement de la civilisation. Cependant, cet acte audacieux a attiré la colère de Zeus, le roi des dieux.

Prométhée, qui signifie "celui qui prévoit" ou "celui qui pense à l'avance", était un Titan, la race ancienne de dieux qui précédait les Olympiens. Son caractère rusé et son amour pour les hommes l'ont poussé à désobéir à l'ordre de Zeus de ne pas partager le feu divin avec les mortels. Il vola donc le feu sacré depuis l'Olympe pour le donner à l'humanité, leur apportant ainsi la lumière, la chaleur et le pouvoir de forger des outils.

La punition de Prométhée par Zeus était à la hauteur de l'audace de son acte. Tout d'abord, Zeus ordonna que Prométhée soit enchaîné au sommet du mont Caucase, exposé aux éléments impitoyables de la nature. Chaque jour, un aigle gigantesque venait déchirer son foie, qui repoussait chaque nuit, infligeant à Prométhée une douleur inimaginable. Cette torture était censée être une punition pour l'éternité, car le foie de Prométhée se régénérait continuellement.

Cette histoire met en lumière l'impitoyabilité de Zeus envers ceux qui osaient défier son autorité. Cependant,

Prométhée, malgré la cruauté de sa punition, ne se repentit jamais de son acte. Il symbolise la résistance et la détermination de l'humanité à progresser et à rechercher le savoir, même face à des forces divines qui cherchent à les retenir.

Les Amours et les Enfants de Zeus

Zeus était connu pour ses nombreuses liaisons et ses amours tant avec des déesses qu'avec des mortelles. Parmi ses relations les plus célèbres, on compte :

1. **Métis** - Déesse de la sagesse et de la ruse, Métis fut la première épouse de Zeus, mais il la dévora par crainte de la prophétie qui disait que leur enfant le détrônerait.

2. **Alcmène** - Zeus tomba amoureux d'Alcmène, une mortelle mariée à Amphitryon. Sous la forme de son mari, il conçut Héraclès (Hercule), l'un des plus grands héros de la mythologie grecque.

3. **Europe** - Zeus, prenant la forme d'un taureau blanc, enleva Europe, une princesse phénicienne, et l'emmena en Crète. De leur union naquirent Minos, Rhadamanthe et Sarpédon.

4. **Ganymède** - Zeus tomba amoureux de Ganymède, un jeune prince troyen, et le transforma en aigle pour l'emporter à l'Olympe. Ganymède devint l'échanson des dieux.

5. **Diverses liaisons** - Zeus eut également des enfants avec de nombreuses autres déesses, dont

Athéna, Apollon, Arès, Artémis, Dionysos, Hermès, Perséphone, et bien d'autres.

Pour poursuivre, passons en revue certains des attributs et des symboles qui sont associés à Zeus.

Attributs et Symboles

Zeus est souvent représenté avec plusieurs attributs et symboles qui reflètent sa puissance et son autorité :

1. **La Foudre** - L'attribut le plus emblématique de Zeus est la Foudre, une arme terrifiante forgée par les Cyclopes. Il l'utilise pour lancer des éclairs et exprimer sa colère divine.

2. **L'Égide** - Zeus porte également l'égide, un bouclier qui lui confère une protection supplémentaire et symbolise sa puissance.

3. **L'Aigle** - L'aigle est souvent associé à Zeus, étant son symbole animal. Il se transformait parfois en aigle pour surveiller et intervenir dans le monde des hommes.

4. **La Corne d'Abondance** - Zeus a créé la corne d'abondance lorsqu'il a cassé la corne de la chèvre Amalthée, et elle symbolise la prospérité et la générosité.

5. **Le Trône du Ciel** - Zeus règne depuis le mont Olympe, son trône céleste, d'où il gouverne les cieux et la terre.

Zeus est le souverain suprême de l'Olympe, le roi des dieux et des hommes dans la mythologie grecque. Son histoire, riche en rebondissements et en aventures, révèle un dieu tout-puissant, parfois clément et parfois impitoyable, mais toujours fidèle à sa position de gardien de l'ordre divin et de la justice.

Chapitre 5

HERA, LA REINE DES DIEUX ET DEESSE DU MARIAGE

Hera: La Reine Jalouse et Protectrice du Mariage

Héra, aussi connue sous le nom de Junon dans la mythologie romaine, est une figure emblématique de la mythologie grecque. Elle incarne la déesse du mariage, de la vie et de la famille. Fille de Cronos et de Rhéa, Héra est la sœur et l'épouse de Zeus, le roi des dieux grecs. De leur union naquirent plusieurs enfants, dont Arès, Hébé, et Ilithyie. Pourtant, sa maternité ne s'arrête pas là. Elle conçut également Héphaïstos, le dieu forgeron, seule, pour démontrer son indépendance et son refus de dépendre de Zeus pour la procréation.

Dans la mythologie grecque, Héra est souvent dépeinte comme une épouse jalouse, veillant jalousement sur son mariage tout en punissant les maîtresses de Zeus et leurs enfants illégitimes. Parmi ses victimes notoires, on compte le héros Héraclès (Hercule) et la nymphe Io, transformée en vache par Zeus pour la protéger, mais rendue folle par les piqûres d'un taon envoyé par Héra.

Avec son diadème royal, son sceptre et sa couronne de fleurs, Héra est également associée au paon, qui est souvent représenté à ses côtés.

Le Mythe de Héra

Le mythe de Héra est marqué par son mariage tumultueux avec Zeus, le roi des dieux grecs. Désespérée par les incessantes tromperies de son époux, Héra décide de demander l'aide de ses fils pour punir Zeus. Ils complotent pour ligoter Zeus pendant son sommeil avec des lanières de cuir, espérant ainsi l'empêcher de séduire les mortelles de la Terre. Cependant, leur plan est contrarié par Thétis, une néréide (nymphe marine), qui envoie l'Hécatonchire Briarée pour les dissuader. Zeus, découvrant la conspiration, punit Héra en la suspendant dans le ciel par une chaîne d'or, une enclume à chaque cheville, afin de l'humilier. Ce mythe illustre à la fois le désir de Héra de préserver son mariage et sa détermination à lutter contre les infidélités de Zeus.

Héra est également célèbre pour son rôle dans le jugement de Pâris, connu sous le nom de l'épisode de la Pomme de discorde. Offensée par le choix de Pâris, qui préfère Aphrodite à elle lors du concours de beauté, Héra devient l'ennemie des Troyens pendant la guerre de Troie. Son ressentiment envers Pâris et les Troyens joue un rôle crucial dans les événements qui se déroulent pendant cette guerre légendaire, contribuant ainsi à façonner le cours de l'histoire grecque antique.

Les Légendes de Héra

Héra est souvent décrite comme une déesse au caractère difficile, jalouse et colérique. Malgré son rôle de déesse du mariage légitime, elle n'a pas d'amant. Cependant, elle suscite le désir de certains, comme Ixion et Endymion, bien que ses réactions à ces avances soient loin d'être bienveillantes. Plusieurs légendes mettent en lumière sa méchanceté et sa propension à infliger des punitions sévères à ceux qui osent la défier.

- *Antigone*: Un jour, Antigone, fille de Laomédon, osa prétendre avoir une chevelure plus belle que celle de Héra. En réponse, Héra fit transformer les cheveux d'Antigone en serpents, illustrant ainsi son aversion à être surpassée, que ce soit en beauté ou en caractère.

- *Tirésias*: Héra rendit aveugle Tirésias, un célèbre devin, en réponse à sa déclaration audacieuse selon laquelle les femmes ressentaient neuf fois plus de plaisir que les hommes. Cette punition lui fut infligée pour avoir offensé la déesse avec une vérité incommode.

- *Sidè*: Sidè, maîtresse d'Orion, eut l'audace de comparer sa propre beauté à celle de Héra. Pour cette offense, la déesse l'envoya aux enfers, démontrant sa capacité à punir même les déesses rivales.

- *La Nymphe Écho*: Héra condamna la nymphe Écho à ne plus parler en premier, obligeant ainsi Écho à répéter ce que les autres disaient avant elle. Cette punition résultait du fait qu'Écho avait entravé la surveillance discrète de Héra sur Zeus en compagnie de nymphes. De plus, Écho tomba amoureuse de Narcisse, mais en raison de la malédiction, elle ne put que répéter le dernier mot prononcé par lui.

- *Lamia*: Lamia, une belle reine de Phrygie, tomba amoureuse de Zeus, ce qui suscita la jalousie et la colère de Héra. En représailles, Héra la tua ou la condamna à dévorer ses propres enfants, plongeant ainsi Lamia dans la folie et la transformant en un monstre terrifiant.

- *La Nymphe Chéloné*: Chéloné refusa d'assister au mariage de Zeus et de Héra, préférant rester dans son logis. En réponse, Héra la transforma en tortue, l'obligeant ainsi à porter sa maison sur son dos pour l'éternité.

Ces légendes mettent en lumière la complexité du caractère de Héra, oscillant entre la protection farouche de son mariage et des réactions de jalousie et de colère envers ceux qui défient son autorité.

Héra, déesse du mariage, de la vie et de la famille, est une figure incontournable de la mythologie grecque. Son histoire est marquée par ses relations tumultueuses avec Zeus, son rôle dans des événements légendaires tels que la guerre de Troie et sa propension à infliger des punitions sévères à ceux qui la défient. Malgré sa jalousie et son caractère difficile, Héra incarne la dévotion envers les principes du mariage et de la famille, et elle est respectée en tant que telle dans le panthéon grec. Son diadème royal, son sceptre et le paon qui l'accompagne rappellent sa puissance et son importance au sein de l'Olympe.

Chapitre 6

POSEIDON, LE MAITRE DES MERS

Poséidon, dieu vénéré de la mer dans la mythologie grecque, règne en maître des océans et incarne la puissance brute de l'eau et de la nature déchaînée. Fils de Cronos et de Rhéa, il est le frère de Zeus, Hadès, Déméter, Héra et Hestia, et l'un des trois souverains de l'Univers, aux côtés de Zeus, le maître du ciel, et Hadès, le maître des Enfers. Armé de son trident redoutable, forgé par les cyclopes lors de la

Titanomachie, Poséidon peut soulever les eaux, provoquer des tempêtes dévastatrices et secouer les fondations de la terre elle-même. Sa mythologie est tissée d'exploits légendaires et de récits captivants qui mettent en lumière sa nature complexe et son influence sur le monde antique. Découvrons ensemble les facettes de ce dieu divin et les récits de ses exploits les plus célèbres.

Poséidon, Maître des Océans et des Terres

Poséidon, souvent assimilé à Neptune chez les Romains, est avant tout le dieu des mers. Il domine les vastes étendues d'eau qui couvrent notre planète, et son nom est prononcé avec respect et crainte. Son trident, symbole de sa puissance, lui confère le pouvoir de commander aux vagues et de créer des tempêtes colossales. Selon la croyance grecque, c'est lui qui provoque les tremblements de terre en enfonçant son trident dans la terre, faisant de lui le maître des mers et des profondeurs marines. On le représente souvent chevauchant un char tiré par des créatures mi-chevaux mi-dauphins, symbole de son règne sur les eaux. Le taureau et surtout le cheval sont d'autres symboles qui lui sont associés. Sa demeure, un palais d'or, se situe au fond des mers, bien que les sources diffèrent quant à son emplacement précis, le situant tour à tour à Aigéai, près du golfe de Corinthe ou à proximité de l'île d'Eubée.

Le Père de Progéniture Divine

La descendance de Poséidon est aussi vaste et variée que les océans qu'il gouverne. Selon les mythes, il a eu de nombreux enfants avec des déesses et des mortelles, bien que la mythologie grecque soit sujette à de nombreuses variations. Parmi ses descendants, on compte des figures mythiques et légendaires. Méduse, la Gorgone, lui donna naissance au célèbre Pégase, le cheval ailé. De Phénicie naquit Protée, le dieu marin aux pouvoirs métamorphiques. Ethra lui donna Thésée, le héros grec connu pour ses exploits héroïques. Avec Thoôsa, Poséidon engendra le redoutable cyclope Polyphème, qui joua un rôle majeur dans les aventures d'Ulysse. Amphitrite, sa compagne, lui donna Triton, un fils qui incarnait l'esprit des océans, ainsi que deux filles, Rhodé et Cymopolée. Même la déesse de l'amour, Aphrodite, est liée à Poséidon par le biais de leur fils commun, Rhodos. Déméter, la déesse de l'agriculture, donna naissance à Arion et Despoina, d'autres descendants de Poséidon. Le nombre exact de ses enfants varie d'une source à l'autre, mais il est sûr que son héritage est riche et diversifié.

Le Constructeur des Murailles de Troie

Parmi les exploits légendaires de Poséidon, l'un des plus célèbres est son rôle en tant que bâtisseur des murailles de Troie. Cependant, son insatisfaction quant à la récompense qu'il reçut pour son travail le poussa à soutenir les Achéens lors de la guerre de Troie, un événement majeur dans la mythologie grecque. L'histoire de la guerre de Troie, qui met en scène des héros légendaires tels qu'Achille et Hector, est une épopée épique qui révèle la complexité des relations entre les dieux et les mortels.

L'Ennemi d'Ulysse et les Périls de la Mer

Un autre épisode mythique mettant en vedette Poséidon est sa relation tendue avec Ulysse, le héros grec rusé. La colère du dieu des mers fut déclenchée lorsque Ulysse aveugla son fils, le cyclope Polyphème, créant ainsi une série d'obstacles dangereux sur le chemin du retour du héros vers sa patrie, Ithaque. Les aventures d'Ulysse lors de ce périple, connu sous le nom d'"'Odyssée," sont ponctuées de rencontres avec des créatures mythiques, de ruses ingénieuses et de moments de désespoir, tous sous le regard implacable de Poséidon.

Poséidon, le dieu des mers et des terres, est une figure mythologique à la fois fascinante et redoutable. Sa puissance sur les éléments aquatiques, ses innombrables descendants et ses interactions avec les héros grecs en font une figure centrale de la mythologie grecque.

Chapitre 7

DEMETER, LA DEESSE DE L'AGRICULTURE ET DES MOISSONS

Déméter, appelée Cérès dans la mythologie romaine, est une déesse majeure de la mythologie grecque. Elle incarne la terre cultivée, la fertilité, l'agriculture, les céréales, les aliments et les moissons. Elle est la fille du titan Cronos et de Rhéa. Sa fille, Perséphone (ou Proserpine en latin), joue également un rôle central dans son mythe. Au cours de son existence divine, Déméter a façonné le monde des mortels en enseignant l'art de l'agriculture et en influençant les saisons, faisant d'elle une déesse bienfaitrice et protectrice.

Déméter est identifiable par plusieurs attributs caractéristiques qui la distinguent parmi les dieux de l'Olympe. Ces attributs incluent :

- **L'épi de blé** : Symbole de la fertilité et de l'agriculture, l'épi de blé est l'emblème le plus reconnaissable de Déméter. Il représente la récolte abondante et la nourriture pour l'humanité.

- **Le pavot** : Cette fleur était associée à la relaxation et au sommeil, soulignant ainsi le rôle de Déméter en tant que déesse de la terre fertile.

- **Le porc, le bélier et le bouc** : Ces animaux étaient souvent sacrifiés en son honneur lors de rituels agricoles et festivités. Ils symbolisaient la prospérité et l'abondance des troupeaux et de la nourriture.

- **La grue et la tourterelle** : Ces oiseaux étaient considérés comme sacrés pour Déméter et jouaient un rôle dans les rites religieux liés à la déesse.

- **Le flambeau** : Un symbole de lumière et de connaissance, il rappelle le rôle de Déméter en tant que guide pour l'humanité, enseignant aux mortels l'agriculture et les secrets de la terre.

- **La corne d'abondance** : Également connue sous le nom de "cornucopia", cette corne débordante de fruits et de récoltes illustre la générosité et la fertilité associées à Déméter.

- **La faucille** : Outil utilisé pour couper les céréales lors de la moisson, soulignant le lien de Déméter avec l'agriculture.

Mythe de Déméter et Perséphone

Le mythe le plus célèbre associé à Déméter est l'enlèvement de sa fille, Perséphone, par Hadès, le dieu des Enfers. Selon la légende, Perséphone était en train de cueillir des fleurs lorsque Hadès surgit du sol et l'emporta dans son royaume souterrain. Le désespoir de Déméter fut immense, et elle erra à la recherche de sa fille pendant neuf jours et neuf nuits, négligeant les récoltes et plongeant le monde dans la famine.

Face à la catastrophe imminente pour les mortels, Zeus intervint et envoya Hermès, le messager des dieux, pour négocier avec Hadès la libération de Perséphone. Un accord fut conclu : Perséphone passerait six mois sur Terre avec sa mère, Déméter, pendant la saison printanière et estivale, lorsque la terre était fertile et verdoyante. Les six autres mois de l'année, elle résiderait aux Enfers en tant que reine, coïncidant avec l'automne et l'hiver, période pendant laquelle la nature se desséchait et se préparait pour la renaissance.

Ce mythe explique l'origine des saisons, car la tristesse de Déméter pendant l'absence de sa fille entraînait l'hibernation de la nature. Lorsque Perséphone revenait à la surface, la joie de Déméter se reflétait dans la reprise de la croissance et des récoltes.

Exploits de Déméter

Outre le mythe de Perséphone, Déméter est associée à plusieurs exploits et légendes qui illustrent son rôle en tant que déesse bienfaitrice de l'humanité.

Enseignement de l'agriculture : Déméter a enseigné aux mortels l'art du labourage, du semis et de la récolte, transformant ainsi l'humanité de chasseurs-cueilleurs en agriculteurs prospères. Son don de l'agriculture a eu un impact profond sur la société humaine, contribuant à la stabilité et à la croissance des civilisations antiques.

L'accueil chez Céléos : Pendant son errance à la recherche de Perséphone, Déméter arriva à Éleusis, où le roi Céléos et sa reine Métanire l'accueillirent chaleureusement. En remerciement pour leur hospitalité, elle prit les fils du roi, Démophon et Triptolème, sous son aile. Elle tenta de rendre Démophon immortel en le plaçant dans le feu chaque nuit, mais la reine Métanire les découvrit et interrompit le processus. Cependant, Déméter enseigna à Triptolème l'art de l'agriculture, faisant de lui un héros bienfaiteur de l'humanité.

Les Mystères d'Éleusis : Déméter était vénérée dans le célèbre sanctuaire d'Éleusis, près d'Athènes, où avaient lieu les mystères d'Éleusis, des rituels sacrés. Ces mystères étaient considérés comme l'un des événements religieux les plus importants de la Grèce antique, mais leur nature exacte reste secrète car les initiés avaient prêté serment de silence. Les mystères d'Éleusis célébraient la fertilité, la renaissance et l'espoir de la vie éternelle, renforçant ainsi le lien profond entre Déméter et la nature.

L'union avec Poséidon : Déméter fut unie à Poséidon, le dieu de la mer, sous la forme d'un cheval et d'une jument. De cette union naquit Arion, un cheval immortel, et une déesse mystérieuse dont le nom ne pouvait être prononcé. Cette légende souligne la diversité des pouvoirs de Déméter et son rôle dans la création de la faune et de la flore terrestres.

Déméter : Une Déesse de la Fertilité et de l'Abondance

Déméter incarne la bienveillance de la nature envers l'humanité, symbolisée par la terre fertile et les récoltes abondantes. Elle a enseigné aux mortels l'art de l'agriculture, leur permettant ainsi de subvenir à leurs besoins et de prospérer. Son mythe, centré sur l'enlèvement de Perséphone et l'origine des saisons, montre sa profonde affection pour sa fille et sa capacité à influencer le monde naturel.

Le culte de Déméter, en particulier les mystères d'Éleusis, a laissé un héritage durable dans la Grèce antique, célébrant la fertilité de la terre et la promesse de la vie éternelle.

Chapitre 8

ATHENA, LA DEESSE DE LA SAGESSE ET DE LA GUERRE JUSTE

Athéna, connue sous le nom de Minerve dans la mythologie romaine, est une déesse majeure de la mythologie grecque. Elle incarne la sagesse, la stratégie guerrière, les arts, les sciences, la justice, le combat, et elle est la protectrice des artisans. De plus, elle veille sur la cité d'Athènes, dont elle est la déesse tutélaire. Fille de Zeus et de Métis, une Océanide (nymphe des fonds marins inaccessibles), Athéna occupe une place prépondérante parmi les dieux de l'Olympe.

Histoire d'Athéna

L'histoire de la naissance d'Athéna est aussi extraordinaire que son existence divine. Prévenu par Gaïa que l'enfant qu'il aurait avec Métis risquerait de le détrôner, Zeus dévora Métis alors qu'elle était enceinte, répétant ainsi le schéma de son propre père, Chronos. Cependant, après avoir dévoré Métis, Zeus souffrit de terribles maux de tête. Pour soulager sa douleur, il demanda à Héphaïstos, le dieu des forgerons et du feu, de fendre son crâne d'un coup de hache. De cette ouverture surgit Athéna, déjà adulte et armée, poussant un cri de guerre retentissant. Elle était prête à défendre les dieux dans leur lutte contre les Titans.

Athéna était vénérée dans de nombreuses villes comme la déesse protectrice des artisans, incluant les fileurs, les brodeuses et les potiers. Elle était également considérée comme une déesse de la paix. Dans l'"Odyssée" d'Homère, Athéna ramena la paix à Ithaque en collaboration avec son père, Zeus, le roi des dieux.

Elle eut un enfant malgré elle, Érichtonios, qui devint l'un des premiers rois d'Athènes. Il fonda le culte de sa mère dans la cité, renforçant ainsi le lien spécial entre Athéna et Athènes. En tant que déesse protectrice de la ville, Athéna joua un rôle essentiel dans la mythologie athénienne.

Mythes Célèbres d'Athéna

Le Concours de Tissage avec Arachné : L'un des mythes les plus célèbres impliquant Athéna est son concours de tissage avec une mortelle nommée Arachné. Arachné était une fileuse extrêmement talentueuse qui osa prétendre que même Athéna ne pouvait pas la surpasser dans cet art. Furieuse, Athéna accepta le défi et les deux femmes se mirent à tisser. Le résultat fut que le tissage d'Arachné rivalisa avec celui d'Athéna, mais elle se moquait des dieux. Athéna, furieuse de la témérité d'Arachné, la transforma en araignée, condamnée à tisser éternellement.

Le Concours avec Poséidon pour l'Attique : Athéna se disputa également avec Poséidon pour déterminer le souverain de l'Attique, une région grecque. Chacun devait offrir un cadeau aux habitants pour décider. Athéna présenta un olivier, symbole de paix et de prospérité, tandis que Poséidon fit jaillir une source d'eau salée et frappa l'Acropole d'un coup de trident, créant ainsi un étalon noir invincible au combat. Les habitants choisirent l'olivier, faisant d'Athéna la souveraine de la région. C'est pourquoi l'olivier est devenu un symbole d'Athènes et de la paix, et pourquoi elle est souvent associée à la cité.

Le Jugement de Pâris : Un autre mythe célèbre impliquant Athéna est le jugement de Pâris dont nous avons déjà parler plus tôt. Éris, la déesse de la discorde, apporta une pomme en or portant l'inscription "À la plus belle" au mariage de Thétis et Pélée. Athéna, Héra et Aphrodite se disputèrent la pomme, chacune offrant un don en échange de sa possession. Pâris, un simple berger à l'époque, fut choisi pour désigner la plus belle. Chacune des déesses lui fit des offres, et il choisit Aphrodite, qui lui avait promis la plus belle femme du monde, Hélène. Ce choix conduisit à l'enlèvement d'Hélène par Pâris, déclenchant ainsi la guerre de Troie.

Attributs d'Athéna

Athéna est souvent représentée avec plusieurs attributs distinctifs, dont les plus importants sont :

- **L'épée** : Symbole de sa force et de sa stratégie guerrière.

- **La lance** : Un autre attribut guerrier, démontrant sa compétence au combat.

- **Le bouclier avec la tête de Méduse** : Ce bouclier, portant la tête de la gorgone Méduse, était utilisé pour terrifier ses ennemis. Quiconque regardait la tête de Méduse était pétrifié.

- **La chouette** : Cet oiseau était associé à la sagesse et à la connaissance, faisant de lui un symbole approprié pour Athéna.

- **L'olivier** : Un symbole de paix et de prospérité, il représentait son rôle dans la création de l'Attique.

- **La cuirasse et le casque** : Éléments de son armure guerrière, soulignant son statut de déesse de la stratégie militaire.

Athéna est une déesse polyvalente dont le pouvoir s'étend de la sagesse à la guerre, de la paix à la stratégie militaire. Elle incarne la force et la ruse, la beauté et l'intelligence. Ses mythes célèbres mettent en lumière sa capacité à résoudre des conflits, à punir l'arrogance et à influencer le cours de l'histoire. Athéna, déesse tutélaire d'Athènes, demeure l'une des figures les plus emblématiques de la mythologie grecque, et son héritage perdure à travers les siècles.

Chapitre 9

APOLLON, LE DIEU DE LA LUMIERE ET DES ARTS

Apollon, le dieu de la clarté solaire, de la musique, de la poésie, de la raison et de bien d'autres domaines, occupe une place particulière parmi les divinités grecques de l'Olympe. Également adoré sous le nom de Phébus par les Romains, Apollon est une figure complexe, à la fois bienveillante et redoutable.

Généalogie

Apollon est le fils de Zeus, le roi des dieux, et de Létô, une titanide (femme titan). Létô rencontra de nombreux obstacles lors de sa quête pour trouver un endroit où accoucher de ses enfants divins. Les gens avaient peur de provoquer la jalousie d'Héra, l'épouse de Zeus, et refusaient de l'aider. Finalement, Létô trouva refuge sur l'île flottante de Délos, où elle donna naissance à Apollon et à sa sœur jumelle Artémis. À la naissance des jumeaux, l'île de Délos s'ancra solidement au fond de la mer, et un grand sanctuaire dédié à Apollon fut érigé sur cette terre. Apollon fut rapidement nourri de nectar et d'ambroisie par la déesse Thémis, ce qui le fit grandir à une vitesse prodigieuse. Ainsi, en quelques jours seulement, il atteignit l'âge adulte.

Relations avec d'autres Personnes

Apollon est une divinité séduisante, mais ses tentatives de séduction ne sont pas toujours couronnées de succès. Parmi les histoires célèbres de son échec amoureux figure celle de Daphné, qu'il poursuivit jusqu'à ce qu'elle se transforme en laurier pour échapper à ses avances. Coronis, une autre de ses prétendantes, préféra un simple mortel à Apollon, ce qui le poussa à demander à sa sœur Artémis de la tuer pour sa trahison.

Une autre personne ayant eu affaire à Apollon fut Cassandre, à qui il accorda le don de la divination en échange de ses faveurs. Cependant, Cassandre refusa les avances d'Apollon tout en acceptant le don, ce qui irrita profondément le dieu. Pour la punir, Apollon ajouta une malédiction : personne ne la croirait jamais malgré ses visions prophétiques.

Origines

L'origine d'Apollon a suscité des débats parmi les chercheurs de l'antiquité grecque. Certains ont avancé l'hypothèse qu'il était d'origine asiatique, en référence à l'Asie Mineure, l'actuelle Turquie. Plusieurs arguments ont été avancés pour étayer cette théorie, notamment le fait que le nom de sa mère, Létô, pourrait signifier "femme" en lycien, une langue indo-européenne parlée en Anatolie. De plus, l'arc, l'arme d'Apollon, est considéré comme barbare et non grec, et il porte des bottines plutôt que des sandales comme les autres dieux grecs. Cependant, il convient de noter que cette hypothèse a été remise en question, et l'origine exacte d'Apollon demeure un sujet de débat parmi les chercheurs.

Python

L'une des histoires les plus célèbres de la vie d'Apollon est son affrontement avec Python. Après avoir quitté son île natale de Délos, Apollon cherchait un endroit pour établir son temple. Il finit par arriver à Delphes, située au pied du mont Parnasse, un lieu sacré mais gardé par un serpent redoutable nommé Python. Un combat féroce s'ensuivit, au cours duquel Apollon parvint finalement à tuer Python. Il s'autoproclama alors maître de Delphes.

Pour se purifier du meurtre de Python, Apollon institua les Jeux Pythiques. Ces jeux étaient très importants pour les Grecs, qui venaient à Delphes pour consulter la Pythie, une prêtresse oracle, et obtenir des conseils et des prédictions.

Apollon était également un dieu guerrier, participant activement à certains conflits, y compris la guerre de Troie.

Il envoya une épidémie de peste aux Grecs assemblés devant Troie, et il est même dit qu'il aurait pris la forme de Pâris pour tuer le héros Achille. Cependant, certaines versions de la légende prétendent que Pâris tua Achille sous l'influence d'Apollon.

Attributs d'Apollon

Apollon était souvent représenté avec une lyre, un instrument de musique qu'il échangea avec Hermès contre un troupeau de bœufs. La lyre était un attribut majeur pour lui en tant que dieu de la musique et de la poésie. Il portait également une couronne de laurier, en référence au laurier de Daphné, et il était associé à la lumière solaire.

L'arc et les flèches étaient d'autres attributs importants d'Apollon, soulignant son rôle de dieu de la raison et de la guérison, mais aussi de la destruction lorsqu'il utilisait son arc pour envoyer des épidémies de peste.

Apollon est un dieu complexe de la mythologie grecque, associé à la clarté solaire, à la musique, à la poésie, à la guérison, à la raison et à bien d'autres aspects de la vie. Sa généalogie, ses relations avec d'autres personnages mythologiques, ses origines controversées, son combat contre Python et ses attributs variés en font l'une des divinités les plus fascinantes de l'Olympe. Sa dualité en tant que dieu bienveillant et redoutable reflète les nombreuses facettes de la vie humaine, ce qui explique sa place prépondérante dans la mythologie grecque.

Chapitre 10
ARTEMIS, LA DEESSE DE LA CHASSE ET DES ANIMAUX SAUVAGES

Artémis, la déesse de la nature sauvage et de la chasse dans la mythologie grecque, est une figure fascinante qui incarne la dualité de la féminité. Identifiée à Diane dans la mythologie romaine, Artémis est la fille de Zeus et de Léto, et la sœur jumelle d'Apollon. Sa virginité est un aspect central de sa mythologie, mais elle est également associée à la protection des femmes et des enfants. Dans cette présentation, nous explorerons la naissance et les origines d'Artémis, puis nous plongerons dans trois légendes majeures qui mettent en lumière sa personnalité complexe.

Naissance et Origines

Artémis naquit sur l'île d'Ortygie, également connue sous le nom de Délos, en tant que fille de Zeus et de Léto, une titanide. Elle partagea sa naissance avec son frère jumeau, Apollon. Selon la légende, Léto éprouva de grandes difficultés à trouver un endroit où accoucher en raison de la jalousie d'Héra, l'épouse de Zeus. Finalement, l'île d'Ortygie s'ancra fermement au fond de la mer, et c'est là qu'Artémis et Apollon virent le jour.

Artémis, née avant son frère, fut profondément marquée par les douleurs que sa mère endura lors de son accouchement. Cela la conduisit à faire vœu de virginité, déterminée à préserver sa pureté et sa chasteté. Elle demanda à Zeus de lui offrir un arc, des flèches et des nymphes pour l'accompagner, ce à quoi Zeus acquiesça. Ainsi, elle fut armée pour défendre son vœu sacré et partit chasser les monstres aux côtés des nymphes, devenant ainsi une Chasseresse immortelle.

Exploits Légendaires

Callisto

L'une des légendes les plus marquantes liées à Artémis concerne Callisto, une nymphe qui servait Artémis. Zeus s'éprit de Callisto et usa de ruse pour la séduire. Déguisé en

Artémis, il trompa Callisto, qui se retrouva enceinte. Lorsque la vérité éclata, Artémis, furieuse que l'une de ses suivantes ait enfreint les vœux de chasteté, la transforma en ourse. Zeus, préoccupé par le sort de Callisto et de l'enfant qu'elle portait, les plaça dans les cieux, créant ainsi la constellation de la Grande Ourse.

Orion

Artémis s'éprit également d'Orion, un chasseur renommé. Cependant, Apollon, le frère d'Artémis, complota pour qu'Artémis tue Orion. La version de cette légende varie, mais dans certaines versions, Orion tenta d'abuser d'Artémis, tandis que dans d'autres, Apollon convainquit Artémis qu'Orion la méprisait. Quoi qu'il en soit, Artémis, inconsolable, tua Orion de sa flèche.

Actéon

Artémis est souvent décrite comme une déesse impitoyable envers ceux qui la dérangent, comme dans le cas d'Actéon. Un jour, le chasseur Actéon eut le malheur de surprendre Artémis alors qu'elle se baignait nue avec ses amies. Furieuse, Artémis le transforma en cerf, le condamnant ainsi à une fin tragique. Ses propres chiens, ne le reconnaissant plus, le chassèrent et le tuèrent.

Agamemnon et Iphigénie

Artémis exigea un sacrifice particulièrement douloureux d'Agamemnon, le chef des Grecs lors de la guerre de Troie. Agamemnon se vanta d'être un meilleur chasseur qu'Artémis, ce qui la mit en colère. En représailles, elle exigea qu'il sacrifie sa propre fille, Iphigénie, pour obtenir des vents favorables pour la flotte grecque. Agamemnon accepta à contrecœur, mais au dernier moment, Artémis sauva Iphigénie en la remplaçant par une biche. Cette légende souligne la cruauté potentielle d'Artémis, mais aussi sa compassion envers les femmes et les enfants.

Niobé

Niobé, une reine vantarde, prétendit être plus fertile que Léto, la mère d'Artémis et d'Apollon. En réponse à cette arrogance, Artémis et Apollon tuèrent la progéniture de Niobé, et Artémis changea la reine en pierre pleureuse. Cette légende met en évidence la vengeance implacable d'Artémis envers ceux qui osent la défier.

Temple d'Artémis à Éphèse

En plus de ses exploits légendaires, Artémis est associée à l'un des Sept Merveilles du Monde Antique : le temple d'Artémis à Éphèse. Ce temple colossal était dédié à la déesse et était renommé pour sa beauté et sa grandeur. Il symbolisait la vénération exceptionnelle dont bénéficiait Artémis dans l'Antiquité.

Artémis, la déesse de la nature sauvage, de la chasse, et de la chasteté, est une figure mythologique complexe et captivante. Ses légendes mettent en lumière sa cruauté envers ceux qui la défient, mais aussi sa compassion envers les femmes et les enfants. Elle incarne la dualité de la féminité et est une divinité respectée dans la mythologie grecque et romaine. Ses exploits légendaires et importance dans les croyances religieuses antiques en font une figure emblématique de l'Olympe.

Chapitre 11
ARES, LE DIEU DE LA GUERRE

Arès, le dieu de la guerre dans la mythologie grecque, est une figure complexe et redoutable. Connue sous le nom de Mars chez les Romains, cette divinité est le fils de Zeus, le roi des dieux, et d'Héra, la déesse du mariage. Arès incarne la violence et la brutalité de la guerre, et sa mythologie est parsemée d'histoires de conquêtes, de liaisons amoureuses tumultueuses et de conflits divins.

Naissance d'Arès

Arès naquit de l'union de Zeus et d'Héra, faisant de lui le frère d'Héphaïstos, d'Hébé, d'Ilithyie et d'Ényo. Cette lignée divine conférait à Arès une position éminente parmi les dieux de l'Olympe. Cependant, son rôle de dieu de la guerre en fit un être divin à la personnalité tourmentée et souvent détesté par les Grecs eux-mêmes.

Amours Chaotiques

Bien qu'Arès n'ait pas d'épouse officielle, sa mythologie est ponctuée de nombreuses liaisons amoureuses, notamment avec des déesses et des nymphes. Parmi ses amantes les plus célèbres, on compte :

1. **Aphrodite** : La liaison d'Arès avec Aphrodite est l'une des plus notoires. De cette union sont nés de nombreux enfants, dont les Érotes, divinités de l'amour, tels qu'Éros, Antéros, Pothos, Himéros et Hédylogue. De plus, Arès est le père des jumeaux Déimos (la Terreur) et Phobos (la Crainte) ainsi que d'Harmonie, reine de Thèbes. Cette liaison scandaleuse entre le dieu de la guerre et la déesse de l'amour incarne le contraste entre la passion et la brutalité.

2. **Aglauros** : Arès eut également une relation avec Aglauros, la fille de Cécrops, qui lui donna une fille nommée Alcippé, une princesse d'Athènes.

3. **Cyrène** : Une autre aventure d'Arès le vit abuser de Cyrène, une nymphe et épouse d'Apollon. De cette union naquit Diomède.

4. **Althée** : Althée, une autre de ses maîtresses, lui donna un fils, Méléagre.

Récits Mythologiques Liés à Arès

Le Filet Magique d'Héphaïstos

Un épisode célèbre de la vie d'Arès met en scène sa liaison avec Aphrodite, qui était mariée à Héphaïstos, le dieu forgeron. Héphaïstos, connaissant la trahison de sa femme, confectionna un filet magique dans lequel il prit les amants en flagrant délit d'adultère. Ce filet les emprisonna et les exposa à la vue des autres dieux de l'Olympe. Cette histoire souligne les conflits amoureux et les rivalités divines qui ont marqué la vie d'Arès.

La Guerre de Troie

Arès intervint également dans la guerre de Troie, mais sa participation ne fut pas particulièrement glorieuse. Contrairement à Athéna, qui combattit pour les Grecs avec stratégie et intelligence, Arès s'engagea dans la bataille pour le simple plaisir de la violence. Lors d'un affrontement, il fut blessé par Athéna, qui démontra sa supériorité en tant que déesse de la guerre. Cette histoire met en évidence la nature impulsive et brutale d'Arès, en contraste avec la stratégie militaire d'Athéna.

La Naissance de Rome

La mythologie romaine associe Arès à Mars, le dieu de la guerre et une figure essentielle dans la fondation de Rome. Mars eut une liaison avec la princesse-vestale Rhéa Silvia, qui donna naissance à deux jumeaux, Rémus et Romulus.

Selon la légende, ces jumeaux furent les fondateurs légendaires de Rome, ce qui souligne l'importance de Mars dans la culture romaine et sa relation avec la guerre en tant que force créatrice et destructrice.

Arès, le dieu de la guerre impétueux, est une figure mythologique complexe. Ses nombreuses liaisons amoureuses tumultueuses et son penchant pour la violence en font un dieu à la personnalité intrigante. Bien qu'il ait été souvent méprisé par les Grecs, il joue un rôle significatif dans la mythologie en tant que symbole de la brutalité inhérente à la guerre. Les récits mythologiques liés à Arès mettent en lumière ses conflits familiaux, ses liaisons passionnées et sa participation aux événements clés de l'histoire antique.

Chapitre 12

APHRODITE, LA DEESSE DE L'AMOUR ET DE LA BEAUTE

Parmi les dieux et déesses de l'Olympe, Aphrodite se démarque comme la déesse de la beauté, de l'amour, du plaisir, et de la procréation. Son équivalent romain, Vénus, est également bien connu. Au sein des douze dieux olympiens qui résident sur le mont Olympe, Aphrodite occupe une place importante, symbolisant la puissance de l'amour et de la séduction.

Origines d'Aphrodite

Aphrodite a une naissance fascinante qui témoigne de sa nature exceptionnelle. Selon la mythologie grecque, elle est née des parties intimes d'Ouranos, le dieu du ciel, qui a été coupé par son propre fils Cronos à l'aide d'une arme spectrale. Le membre coupé est tombé dans la mer, près de l'île de Chypre, provoquant l'apparition de l'écume blanche. Le mot grec "aphros" signifie écume, d'où le nom Aphrodite. Elle est ensuite née de cette écume, une déesse de la beauté et de l'amour émergée des eaux tumultueuses de la mer.

Il existe différentes versions de ses origines, l'une d'entre elles suggère qu'elle est la fille de Zeus et de Dionée de Dodone, une ancienne déesse grecquc. Quelle que soit l'histoire, Aphrodite incarne la puissance de la beauté et de l'amour, dont l'influence s'étend bien au-delà de la mythologie grecque.

Attributs d'Aphrodite

Aphrodite est reconnaissable par ses attributs distinctifs, qui reflètent son rôle en tant que déesse de l'amour et de la beauté. Parmi ses attributs, on peut citer :

- **Le coquillage** : Souvent représentée émergeant d'une coquille, cette image symbolise sa naissance de l'écume de la mer.

- **Le miroir** : L'amour-propre et la vanité sont des aspects importants de la séduction, et le miroir est un symbole de la recherche de la beauté.

- **La rose** : La rose est un symbole classique de l'amour et de la passion.

- **La pomme** : La pomme est associée à l'histoire de la pomme d'or et au jugement de Pâris, qui a mené à la guerre de Troie.

- **Le pavot** : Les pavots sont associés au sommeil et à la passion, évoquant des éléments de l'amour et du plaisir.

- **Le myrte** : Le myrte est une plante sacrée associée à Aphrodite, symbolisant l'amour et la fidélité.

Aphrodite est souvent représentée avec une colombe, un de ses animaux associés, qui symbolise la paix et la beauté.

Aventures d'Aphrodite

La mythologie grecque regorge d'aventures fascinantes impliquant Aphrodite. Trois d'entre elles se distinguent particulièrement :

La Naissance d'Éros

Dans de nombreuses versions de la mythologie grecque, Aphrodite est considérée comme la mère d'Éros, le dieu de l'amour. Cependant, il existe différentes histoires sur la naissance d'Éros. L'une d'entre elles raconte qu'Éros est né lorsque Chaos, le vide primordial, a été créé. Il est devenu la force qui a donné naissance à tout, y compris Aphrodite elle-même. Cette histoire met en évidence le lien entre l'amour et la création dans la mythologie grecque, montrant comment Éros est à la fois une force primordiale et le fils de la déesse de l'amour.

La Vengeance contre Psyché

Une autre histoire célèbre impliquant Aphrodite concerne une mortelle nommée Psyché. Psyché était si belle que les gens la comparaient souvent à Aphrodite elle-même, ce qui provoqua la jalousie de la déesse de l'amour. En colère, Aphrodite ordonna à son fils Éros de rendre Psyché amoureuse d'une créature hideuse. Cependant, lorsque Éros la vit, il tomba amoureux d'elle et décida de la protéger au lieu de la maudire.

Psyché fut emmenée dans un magnifique palais secret où Éros la visita chaque nuit, mais il lui interdit de le voir. Psyché, curieuse, alluma une lampe une nuit pour le voir et découvrit qu'Éros était le dieu de l'amour lui-même. Une goutte d'huile chaude tomba de la lampe et réveilla Éros. Sentant qu'elle avait brisé sa promesse, il la quitta.

Psyché entreprit alors un voyage difficile pour retrouver Éros, au cours duquel elle accomplit des tâches difficiles imposées par Aphrodite. Après avoir réussi ces épreuves, Zeus intervint et permit à Psyché de rejoindre Éros. Les deux amoureux furent réunis et Aphrodite accepta finalement leur amour.

L'Amour avec Anchise et la Naissance d'Énée

Aphrodite a également eu une liaison avec Anchise, un prince troyen. De cette union est né Énée, un personnage central dans la mythologie romaine. Énée est considéré comme l'ancêtre de Rémus et Romulus, les fondateurs légendaires de Rome. Cette liaison souligne le rôle d'Aphrodite en tant que déesse de la procréation et sa capacité à influencer le destin des mortels.

Aphrodite, la déesse de l'amour et de la beauté, est une figure mythologique captivante qui incarne les aspects les plus profonds de l'attraction humaine. Ses origines mystérieuses, ses attributs distinctifs et ses aventures tumultueuses la rendent inoubliable dans la mythologie grecque. De sa naissance de l'écume de la mer à ses liaisons passionnées avec des dieux et des mortels, Aphrodite est une déesse dont l'influence s'étend bien au-delà des frontières de la Grèce antique, captivant toujours notre imagination.

Chapitre 13

HEPHAÏSTOS, LE DIEU DU FEU ET DE LA FORGE

Héphaïstos, le dieu du feu, de la forge, de la métallurgie et des volcans, est l'une des figures les plus fascinantes de la mythologie grecque. Il incarne l'artisanat, la créativité et l'ingéniosité, malgré son infirmité physique.

Origines et Infirmité

L'origine d'Héphaïstos est entourée de mystère. Selon Homère, il est le fils de Zeus, le roi des dieux, et d'Héra, la déesse du mariage. Cependant, selon Hésiode, Héphaïstos est né de la seule volonté d'Héra, sans l'intervention de Zeus. Cette naissance solitaire était une réponse jalouse à la naissance d'Athéna, que Zeus avait fait naître seul. Quelle que soit la version, Héphaïstos a une relation complexe avec ses parents divins.

Ce qui distingue Héphaïstos des autres dieux est son infirmité. Il est généralement représenté comme un forgeron boiteux et barbu, ce qui reflète son handicap. Selon la version d'Homère, Héphaïstos est né infirme et boiteux, ce qui a provoqué le dégoût de sa mère Héra. Dans un acte de rejet, Héra l'a précipité du haut de l'Olympe et il a chuté dans la mer. Il a été secouru par Thétis, une Néréide, et Eurynomé, une Océanide, qui l'ont élevé sous la mer et lui ont enseigné l'art de la forge.

Dans une autre version, Zeus lui-même a précipité Héphaïstos hors de l'Olympe en raison de son soutien à sa mère dans une querelle. Sa chute l'a laissé boiteux, et il a été secouru par les habitants de l'île de Lemnos, où il a appris à maîtriser son art de forgeron malgré son handicap.

Amours et Descendance

Héphaïstos est lié à deux femmes dans la mythologie grecque. Selon Homère, il a deux épouses : Charis, l'une des Grâces, et Aphrodite, la déesse de l'amour et de la beauté. Cependant, Hésiode ne lui attribue pas d'épouse.

L'histoire la plus célèbre impliquant Héphaïstos et Aphrodite est celle de leur mariage tumultueux. Aphrodite est notoirement infidèle à son mari, et leur relation est marquée par l'adultère. Le moment le plus emblématique est lorsque Héphaïstos piège Aphrodite et son amant Arès, le dieu de la guerre, dans un filet invisible. Les autres dieux de l'Olympe sont témoins de cette scène embarrassante et en rient aux éclats. Cet épisode met en lumière la complexité des relations divines et les conséquences de l'infidélité.

Dans une autre histoire, Héphaïstos poursuit la déesse Athéna de ses avances, mais elle le repousse. Cependant, le roi Érichtonios naît du liquide séminale que Héphaïstos répand accidentellement sur la cuisse d'Athéna, ce qui ajoute une dimension supplémentaire à la descendance d'Héphaïstos.

Un Inventeur et un Artisan

Héphaïstos est surtout connu pour son rôle d'artisan divin. Sa forge est située dans les profondeurs volcaniques de la Terre, où il travaille avec l'aide des Cyclopes. Il est le créateur de nombreuses armes et objets magiques pour les dieux et les héros de la mythologie grecque. Parmi ses créations les plus célèbres, on peut citer :

- La cuirasse et les armes d'Achille, le héros légendaire de la guerre de Troie.

- La ceinture d'Aphrodite, qui ajoute à sa séduction naturelle.

- Le foudre de Zeus, l'arme emblématique du roi des dieux.

- Les sandales ailées de Persée, qui lui ont permis de vaincre Méduse.

- La cuirasse d'or d'Héraclès, un autre héros légendaire.

- Les flèches d'Artémis et d'Apollon, les jumeaux divins.

En plus de ces créations, Héphaïstos a façonné de nombreuses œuvres d'art et objets magiques. Il est également associé à la création de la première femme, Pandore, qu'il a modelée avec de l'argile et de l'eau.

Attributs et Culte

Les attributs d'Héphaïstos comprennent le marteau, l'enclume, la béquille, le bouton d'or et l'âne. Ces éléments symbolisent son rôle d'artisan et sa capacité à créer des objets magiques. Bien qu'il soit infirme, il surpasse les autres dieux par son ingéniosité et son talent. Héphaïstos était particulièrement vénéré par les artisans forgerons, qui le considéraient comme leur protecteur. Son savoir-faire pour fondre le minerai et le transformer en métal en faisait une figure vénérée dans ce domaine. Les guerriers achéens ont également introduit le bronze en Grèce grâce à son influence, renforçant ainsi son importance dans la société grecque antique.

Ses amours tumultueuses avec Aphrodite, ses créations magiques et son rôle de protecteur des artisans forgerons font de lui une figure emblématique de l'Olympe. Sa légende rappelle que la force intérieure et la créativité peuvent triompher des obstacles physiques.

Chapitre 14

HERMES, LE MESSAGER DES DIEUX ET LE PROTECTEUR DES VOYAGEURS

Dans le vaste panthéon de la mythologie grecque, Hermès occupe une place unique en tant que messager des dieux, protecteur des voyageurs, des commerçants, et même des voleurs. Il était également responsable de guider les âmes des défunts vers le royaume des Enfers.

La Naissance d'Hermès

Hermès est né de l'union de Zeus, le roi des dieux, et de Maïa, la fille du titan Atlas. Sa naissance aurait eu lieu en Arcadie, sur le mont Cyllène, un lieu mystique. Dès ses premiers instants, Hermès a révélé des talents de voleur et une grande ingéniosité.

Hermès était également connu sous l'appellation de Mercure chez les Romains, et il partageait de nombreuses similitudes avec son homologue grec.

Le Voleur Rusé

Dès sa plus tendre enfance, Hermès a montré un penchant pour la ruse et le vol. Son exploit le plus célèbre en la matière est le vol du troupeau de bœufs d'Apollon, son demi-frère. Pour échapper à la détection, le jeune Hermès eut une idée astucieuse : il fit marcher les bœufs à reculons, tandis que lui-même portait des sabots fixés à l'envers. Cette astuce désorienta Apollon pendant un certain temps, mais le dieu du soleil finit par retrouver la trace d'Hermès.

La résolution de ce conflit familial fut facilitée par l'intervention de Zeus, leur père. Finalement, Hermès rendit la moitié du troupeau à Apollon en échange d'une lyre qu'il avait fabriquée à partir d'une carapace de tortue pour le cadre et de boyaux de vache pour les cordes. Cette lyre devint l'un des instruments de musique les plus emblématiques de la Grèce antique.

De plus, Apollon, qui était attaché à son troupeau, fit d'Hermès le berger de ses bœufs et lui offrit un bâton de berger spécial. À la grande surprise d'Apollon, Hermès enroula deux serpents autour du bâton, créant ainsi le caducée, un symbole qui le représenterait à jamais.

Les Amours de Hermès

Hermès était un séducteur notoire, et son charme rusé lui permettait de conquérir le cœur de nombreuses divinités et mortelles. Parmi ses nombreuses maîtresses, on peut citer :

Aphrodite : La déesse de l'amour et de la beauté, connue pour sa grande séduction, ne pouvait résister à l'attrait d'Hermès.

Apemosyne : Une figure moins connue de la mythologie grecque, elle succomba également au charme du messager des dieux.

Perséphone : La reine des Enfers fut elle aussi ensorcelée par Hermès, bien que leur relation fût complexe compte tenu de son mariage avec Hadès.

Herse : Une nymphe qui tomba sous le charme d'Hermès, même si leur histoire n'est pas aussi célèbre que d'autres.

Calypso : Une nymphe qui retint le dieu messager sur son île pendant sept ans, avant de le laisser partir à la demande de Zeus.

Lara : Une mortelle qui partagea un amour interdit avec Hermès, ce qui provoqua la colère de Zeus et l'obligea à subir une malédiction.

Les Attributs de Hermès

Hermès est toujours représenté sous une forme jeune et dynamique, doté de caractéristiques qui symbolisent ses domaines d'influence. Ses attributs les plus reconnaissables sont les suivants :

Les Ailes et les Sandales Ailées : Ces symboles reflètent sa rapidité légendaire en tant que messager divin.

Le Caducée : Ce bâton entouré de deux serpents est un symbole de la ruse et de la négociation. Dans la mythologie, le caducée sert également à guérir les morsures de serpent.

L'Agneau : Hermès est parfois représenté portant un agneau sur ses épaules, rappelant son rôle initial en tant que divinité vénérée par les bergers.

La Pétase : Ce chapeau rond est un autre de ses attributs distinctifs.

Hermès était vénéré par les Grecs pour de nombreuses raisons. Les voyageurs et les commerçants le priaient pour avoir de la chance et du succès lors de leurs déplacements et de leurs affaires. Les voleurs, malgré sa réputation de voleur rusé, l'invoquaient également pour obtenir de l'aide et de la protection.

Exploits et Rôle Divin

Outre son exploit de voler le troupeau d'Apollon, Hermès était chargé de nombreuses missions en tant que messager divin. Il était le lien vital entre les dieux de l'Olympe et le monde des mortels, transmettant des messages, des présages et des décrets divins.

Hermès avait également une fonction importante dans le transport des âmes des défunts vers le royaume des Enfers, où elles seraient jugées par le dieu Hadès. Il était considéré comme un guide bienveillant pour les âmes voyageant vers l'au-delà.

Que ce soit en tant que protecteur des voyageurs ou en tant que messager divin, Hermès reste une figure vénérée dans la mythologie grecque pour sa polyvalence et son charme inimitable.

Chapitre 15

DIONYSOS, LE DIEU DU VIN ET DE LA FETE

Dans la riche mythologie grecque, Dionysos occupe une place particulière en tant que dieu du vin, de la fête, et des vignes. Il est également associé à de nombreux autres attributs, tels que le théâtre, la folie, et même la transformation.

Les Origines de Dionysos

Dionysos est le fils de Zeus, le roi des dieux, et de Sémélé, une princesse de Thèbes. Cependant, son histoire de naissance est inhabituelle, car il est né deux fois. La première fois, Sémélé mourut brûlée vive après avoir contemplé Zeus sous sa forme divine, ce qui est mortel pour les êtres humains. Cependant, Dionysos n'était pas encore pleinement développé, et Zeus le cacha dans sa cuisse pour poursuivre sa gestation. Dionysos naquit une seconde fois à la fin de la période normale de gestation, sortant littéralement de la cuisse de son père. C'est pourquoi on utilise parfois l'expression "naître de la cuisse de Jupiter" pour décrire une naissance exceptionnelle.

Pour échapper à la jalousie d'Héra, la femme de Zeus, Dionysos fut élevé par les nymphes des bois et les satyres, loin de l'Olympe. Il passa son enfance à explorer la nature, apprenant les secrets des vignes et des bois, des compétences qui le préparèrent à son rôle ultérieur en tant que dieu des vignes.

La Nature de Dionysos

Dionysos est un dieu complexe et multifacette. Il est le dieu du vin, un symbole de libération et d'ivresse. Le vin, en libérant les inhibitions, permettait aux gens de se connecter à leurs instincts les plus naturels et, parfois, les plus sauvages. Dionysos était également le dieu de la vie, des forces qui favorisent le développement de la nature, à la fois végétale et animale. Il était étroitement associé à la fertilité et à la vitalité de la terre.

Ses origines semblent remonter aux régions considérées comme reculées de la Grèce, notamment la Thrace et la Macédoine, ainsi qu'à la Phrygie en Asie mineure. On croyait que les rituels liés à Dionysos impliquaient parfois des sacrifices humains, bien que cela soit devenu moins courant au fil du temps.

Les Fêtes et le Cortège de Dionysos

Les fêtes organisées en l'honneur de Dionysos étaient appelées les bacchanales. Son cortège était composé de Bacchantes ou ménades, des femmes qui étaient prises d'ivresse en sa présence. Dans cet état de transe, elles étaient capables de commettre des actes extravagants, parfois même la dévoration d'animaux vivants, qui étaient considérés comme la représentation du corps du dieu.

Les cérémonies religieuses liées à Dionysos ont également joué un rôle majeur dans la création du théâtre européen. Les représentations théâtrales de l'Antiquité grecque étaient souvent associées aux cultes de Dionysos, et les acteurs portaient des masques en l'honneur du dieu.

Dionysos et les Romains

Les Romains ont adopté Dionysos parmi leurs nombreuses divinités. Cependant, les bacchanales romaines étaient souvent si désordonnées que les autorités ont fini par les réglementer pour éviter les excès. De plus, la ville de Nysa en Inde était particulièrement dédiée à Dionysos, montrant ainsi l'ampleur de son culte à travers le monde antique.

L'Exploit de Dionysos avec les Pirates

Une histoire fascinante de Dionysos implique sa rencontre avec un groupe de pirates. Selon une version, il monta à bord d'un bateau alors qu'il était encore tout petit, sans savoir qu'il s'agissait de pirates. Dans une autre version, il fut kidnappé par ces pirates. Le capitaine du navire avait l'intention d'en faire un esclave, mais il sous-estima la puissance du dieu. Dionysos rendit les pirates fous, provoquant leur démence collective. Ils se jetèrent tous à la mer et furent métamorphosés en dauphins. Cette histoire illustre la capacité de Dionysos à infliger des punitions déconcertantes à ceux qui le sous-estimaient.

Dionysos et Ariane

Ariane, la fille du roi Minos et de la reine Pasiphaé, était une figure clé de la mythologie crétoise. Elle avait aidé Thésée à sortir du labyrinthe après qu'il eut tué le Minotaure, mais il l'avait ensuite abandonnée sur une île déserte. Ariane pleurait sur le rivage lorsque Dionysos apparut et la prit pour l'épouser. Cette union illustre la capacité de Dionysos à apporter du réconfort aux âmes perdues et à accorder la grâce à ceux qui avaient été délaissés.

La Punition de Penthée

Penthée était un homme qui ne croyait pas en Dionysos et refusait de l'honorer en tant que dieu. Lorsque Dionysos découvrit cette incrédulité, il entra dans une colère féroce. Il ordonna alors à ses fidèles Bacchantes de dévorer vivant Penthée.

Expressions liées à "Bacchus"

Le nom de Dionysos était parfois associé à Bacchus chez les Romains. L'expression "ivre comme Bacchus" est encore utilisée aujourd'hui pour décrire quelqu'un qui est complètement saoul.

Dionysos, le dieu du vin, de la fête, des vignes et de la libération, est une figure captivante de la mythologie grecque. Né de manière extraordinaire, il incarne l'ivresse de la vie et la célébration de la nature. Ses fêtes exubérantes et son cortège de Bacchantes témoignent de son influence durable sur la culture grecque antique. Dionysos, avec son charme mystérieux et son pouvoir de libération, continue d'inspirer les artistes, les écrivains et les chercheurs du monde entier.

Les deux dieux suivants ne sont pas considérés comme parmi les 12 grands dieux de l'olympe, tout simplement car il n'habite pas ou vont très peu dans l'olympe. Ils sont cependant suffisamment importants pour avoir leur place dans ce livre.

Chapitre 16
HADES, LE DIEU DES ENFERS

Dans la mythologie grecque, Hadès est le dieu vénéré et redouté qui règne sur le monde souterrain, le royaume des morts. Fils de Cronos et de Rhéa, il est le troisième de la fratrie divine. Ce dieu sombre et puissant a une histoire complexe et fascinante, liée à son mariage avec Perséphone, ses devoirs envers les âmes défuntes et son rôle essentiel dans la mythologie grecque.

Le Règne sur les Enfers

Après la guerre épique entre les dieux de l'Olympe et les Titans, le monde divin fut divisé entre les trois frères : Zeus, Poséidon et Hadès. Zeus devint le souverain du ciel et de la terre, Poséidon régna sur les océans, et Hadès hérita du royaume souterrain, les Enfers. Bien qu'il soit souvent considéré comme un dieu de la mort, Hadès ne personnifie pas la mort elle-même, mais plutôt le royaume des morts et les aspects sombres de la vie après la mort.

L'un des épisodes les plus célèbres de la vie d'Hadès est son mariage avec Perséphone, comme nous l'avons vu dans le chapitre dédié à Déméter. Perséphone était la fille de Zeus et de Déméter, la déesse de la moisson et de la fertilité. Alors qu'elle cueillait des fleurs dans un champ, Perséphone fut enlevée par Hadès, qui était tombé amoureux d'elle. Ce kidnapping déclencha la colère de Déméter, qui plongea le monde dans l'hiver et la famine.

Après de longues négociations, Zeus intervint et décida que Perséphone passerait une partie de l'année avec Hadès dans les Enfers et l'autre partie avec sa mère sur terre. Ce mythe explique les saisons : lorsque Perséphone est avec Déméter, la terre est fertile et la végétation prospère (le printemps et l'été), mais lorsque Perséphone retourne chez Hadès, la terre devient stérile et les saisons froides et sombres prédominent (l'automne et l'hiver).

Les Enfers : Un Monde Sombre et Complexe

Les Enfers, le royaume d'Hadès, sont divisés en plusieurs régions, chacune ayant sa propre signification et ses habitants spécifiques. L'Érèbe est la première étape où les âmes se rendent après la mort. Les âmes dont les corps n'ont pas été enterrés correctement attendent ici pendant une période de cent ans avant de poursuivre leur voyage. Là, on trouve également le palais de la Nuit, Cerbère, les Furies et la Mort elle-même.

Le Tartare est la région la plus profonde des Enfers, où les Titans avaient été emprisonnés après leur défaite lors de la guerre contre les dieux de l'Olympe. Au cœur du Tartare se trouve le Champ de Vérité, où Hadès juge les âmes des morts. Les âmes justes sont envoyées dans les Champs Élysées, un lieu de paix et de béatitude éternelle, tandis que les âmes mauvaises sont condamnées à subir d'éternels supplices dans les abîmes du Tartare.

Cerberus, le chien à trois têtes et à queue de dragon, garde les portes des Enfers, empêchant les vivants de s'aventurer dans ce royaume sombre et lugubre. Les Enfers sont également traversés par plusieurs fleuves sinistres, dont le Styx et l'Achéron, qui marquent la frontière entre le monde des vivants et celui des morts.

Les Attributs d'Hadès

Hadès est souvent représenté avec un casque appelé la Kunée, qui lui confère l'invisibilité. Ce casque a été forgé par les Cyclopes lors de la guerre contre les Titans. Il prêta ce casque à Persée pour l'aider dans sa quête contre la Gorgone Méduse. Hadès a également quatre chevaux noirs nommés Aethon, Alastor, Nyctéus et Orphnéus, qui tirent son char lorsqu'il se déplace entre le monde des vivants et les Enfers.

Le cyprès est un autre attribut important d'Hadès. Les prêtres de ce dieu se couronnaient de branches de cyprès et en parsemaient leurs vêtements lors des cérémonies religieuses. Ce feuillage sombre symbolisait la mélancolie et la douleur associées au règne des morts.

La Famille d'Hadès

Hadès est entouré de plusieurs divinités et entités qui jouent un rôle essentiel dans le monde des Enfers. Cerbère, le gardien des portes, est l'une de ces créatures, tandis que Charon, le passeur des âmes, aide les défunts à traverser les fleuves des Enfers pour atteindre le royaume d'Hadès.

Thanatos, le dieu de la mort, est le frère jumeau d'Hypnos, le dieu du sommeil, et il travaille aux côtés d'Hadès dans le royaume des morts. Leur mère est Nox (Nyx pour les Grecs), la déesse de la nuit. Bien que Thanatos soit rarement mentionné dans les mythes, il est présent dans l'histoire de Sisyphe, un mortel puni pour sa ruse.

Mythes et Légendes Associés à Hadès

L'un des mythes liés à Hadès concerne sa liaison avec Menthé, une nymphe des Enfers. Perséphone, jalouse de cette relation, piétina Menthé, la transformant en une plante connue sous le nom de menthe. Hadès a également enlevé Leucé, une nymphe, et l'a changée en un peuplier blanc.

La complexité de la personnalité d'Hadès se révèle dans sa gestion des âmes défuntes et dans son rôle essentiel dans l'équilibre entre la vie et la mort. Bien qu'il soit souvent associé à la peur et à l'obscurité, son règne est également nécessaire pour maintenir l'ordre naturel et le cycle des saisons.

Chapitre 17

HESTIA, LA DEESSE DU FOYER

Hestia, la déesse du feu et du foyer, incarne la chaleur, la stabilité, et le cœur des foyers grecs. Fille aînée de Cronos et de Rhéa, elle a émergé de l'ombre de ses frères et sœurs plus célèbres, à savoir Zeus, Poséidon, Hadès, Héra, et Déméter, pour occuper une place centrale dans la vie quotidienne des Grecs.

La Gardienne du Feu et du Foyer

Le feu joue un rôle vital dans la vie des anciens Grecs. Il est nécessaire pour se chauffer, pour la préparation des repas, et pour les rituels de sacrifice aux dieux. Hestia, en tant que déesse du foyer, est la gardienne de ce feu, garantissant sa continuité et son utilisation correcte. Les Vestales, prêtresses de Vesta (nom romain de Hestia) à Rome, étaient responsables de maintenir le feu sacré allumé en tout temps, une tâche cruciale qui assurait la prospérité et la protection de la cité.

Le foyer, qui occupait une place centrale dans les maisons grecques, symbolisait la stabilité et la chaleur du foyer familial. C'était également le lieu où les Grecs offraient des sacrifices aux dieux, et Hestia était la déesse qui présidait à ces cérémonies domestiques. Son rôle était donc à la fois pratique et symbolique, reliant le divin au quotidien.

Une Vierge Immaculée

Hestia était réputée pour sa chasteté inébranlable, ce qui signifie qu'elle était éternellement vierge. Cette caractéristique faisait d'elle une déesse réservée, une figure religieuse qui incarnait la pureté et la stabilité. Cette virginité perpétuelle était également un signe de son immuabilité, car Hestia ne connaissait ni le changement ni le vieillissement. Son physique et sa personnalité restaient constants, symbolisant ainsi la continuité de la civilisation et des traditions.

Hestia fit un serment solennel, en touchant la tête de Zeus, pour rester éternellement vierge. Ce serment avait une signification profonde, car il garantissait sa dévotion à son rôle de gardienne du foyer. Sa virginité symbolisait la pureté du foyer familial, préservée de toute impureté ou corruption. Elle était la gardienne de la paix domestique et de la continuité des traditions familiales.

Hestia refusa plusieurs prétendants et soupirants, témoignant de sa dévotion à son rôle sacré. Parmi ceux qui cherchèrent sa main en mariage, on compte Poséidon, le dieu des mers, et Apollon, le dieu de la lumière. Cependant, elle rejeta rapidement leurs avances, préférant rester fidèle à son rôle de gardienne du foyer. Même Aphrodite, la déesse de l'amour et de la séduction, échoua dans ses tentatives de conquérir le cœur de la déesse du foyer. Hestia maintint fermement sa résolution de rester célibataire et consacrée à son devoir.

L'Épisode avec Priape

Une des rares histoires impliquant Hestia est celle de sa rencontre avec Priape, un dieu de la fertilité et des jardins. Priape, aveuglé par le désir, s'approcha d'Hestia alors qu'elle dormait. Cependant, il fut interrompu par le braiement d'un âne à proximité, qui la réveilla. La déesse, choquée par l'audace de Priape, échappa à ses avances. Cette histoire souligne la chasteté et l'intégrité d'Hestia, qui résista aux tentations de l'amour charnel.

Son Rôle Paradoxal sur l'Olympe

Bien qu'Hestia soit une divinités de l'Olympe, elle ne participe pas aux conflits divins ni aux intrigues divines. Elle demeure calme, immuable, et détachée des querelles et des rivalités qui secouent souvent le panthéon grec. Cela peut sembler paradoxal, car elle occupe une place de choix parmi les dieux de l'Olympe, mais elle se tient à l'écart de leurs conflits. Son rôle est avant tout de garantir la paix et la stabilité dans le monde des dieux, en préservant l'harmonie et l'intégrité du foyer.

C'est pour cette raison qu'elle n'est souvent pas comptée parmi les douze dieux olympiens.

Le Symbole des Liens Profonds

Le feu sacré de Hestia était un symbole des liens profonds qui reliaient les citoyens à leur cité d'origine. Lors de la colonisation grecque de la Méditerranée, les colons emportaient avec eux une torche allumée au foyer de leur cité mère. Cette tradition symbolisait leur attachement à leur métropole et leur désir de préserver les valeurs et les coutumes de leur terre natale, même à des milliers de kilomètres de là. Hestia, en tant que gardienne du foyer, incarnait ces liens familiaux et communautaires.

Hestia, la déesse du feu et du foyer, était une figure cruciale dans la vie des Grecs anciens. Sa présence dans chaque maison grecque et son rôle dans les rituels religieux en faisaient une figure incontournable de la vie quotidienne et de la civilisation grecque.

PARTIE 3

HEROS LEGENDAIRES ET AVENTURES ÉPIQUES

Chapitre 18

HERACLES ET SES DOUZE TRAVAUX

Dans les annales de la mythologie grecque, nul héros ne brille d'une éclatante renommée comme Héraclès, également connu sous le nom d'Hercule dans la mythologie romaine. Sa vie, marquée par des exploits héroïques et des défis surhumains, est un récit fascinant d'endurance, de courage et de triomphe sur l'adversité. Héraclès incarne la quintessence de la force physique et de l'invincibilité, mais sa légende ne se résume pas à ses douze travaux légendaires.

Naissance d'Héraclès

L'histoire d'Héraclès commence avec une intrigue divine complexe. Zeus, le roi des dieux, désireux de créer un héros destiné à accomplir des exploits remarquables, cherche une mère digne de donner naissance à ce fils spécial. Son choix se porte sur Alcmène, l'épouse d'Amphitryon, un général grec renommé. Cependant, Alcmène est reconnue comme la femme la plus fidèle du monde, ce qui pose un dilemme pour Zeus.

Pour accomplir sa volonté, Zeus se métamorphose en Amphitryon et séduit Alcmène. À son retour de la guerre, le véritable Amphitryon découvre le subterfuge mais ne peut mettre en œuvre sa vengeance.

La déesse Héra, jalouse de l'infidélité de Zeus, retarde la naissance d'Héraclès, laissant Eurysthée, le fils du roi Sthénélos d'Argos, naître avant lui. Eurysthée reçoit ainsi le royaume de l'Argolide à la place d'Héraclès. Ce n'est qu'après cette naissance retardée qu'Alcmène peut donner naissance à Héraclès et à son demi-frère Iphiclès.

Héraclès devient un Demi-Dieu

Héraclès naît d'une union illégitime entre Zeus et une mortelle, faisant de lui un demi-dieu. Dès sa naissance, sa destinée est éclipsée par la jalousie d'Héra, l'épouse de Zeus. Cependant, une tentative divine d'accorder l'immortalité à Héraclès intervient. Hermès, le messager des dieux, place le bébé Héraclès sur le sein d'Héra endormie pour qu'il puisse téter le lait divin. Gourmand, Héraclès déclenche le réveil de la déesse. Furieuse, Héra le repousse violemment, mais une goutte de son lait divin tombe dans la bouche de Héraclès, lui conférant une parcelle d'immortalité. Le reste du lait jaillit dans le ciel, formant la Voie lactée.

Héra, déterminée à faire obstacle à Héraclès, tente de le tuer alors qu'il est encore un bébé. Elle envoie deux serpents dans sa chambre, mais le nourrisson démontre déjà sa force extraordinaire en étranglant les serpents, annonçant ainsi la nature exceptionnelle de ses exploits futurs.

Premières Aventures d'Héraclès

Au fil de sa croissance, Héraclès devient de plus en plus fort. Un événement marquant intervient lorsque la ville de Thèbes doit payer un tribut à Erginos, le roi des Minyens. Héraclès, soucieux de l'honneur de sa ville natale, déclenche une guerre contre Erginos et sort victorieux. En récompense, Créon, le roi de Thèbes, lui offre la main de sa fille, Mégara.

Héraclès et Mégara vivent heureux, entourés de nombreux enfants. Cependant, la jalousie implacable d'Héra, jamais apaisée, ne tolère pas leur bonheur. Elle pousse Héraclès dans une folie meurtrière, et, incapable de se contrôler, il tue sa propre famille.

Lorsque la clarté revient à son esprit, Héraclès se rend à Delphes pour consulter la Pythie. Elle lui ordonne de se soumettre à Eurysthée, roi d'Argos, et d'accomplir les douze travaux comme pénitence pour ses crimes.

Les Douze Travaux

Les douze travaux d'Héraclès sont des épreuves légendaires qui illustrent sa force, son courage et sa détermination. Ils comprennent la capture du lion de Némée, la destruction de l'hydre de Lerne, la capture du sanglier d'Érymanthe, la capture de la biche de Cérynie, le nettoyage des écuries d'Augias, la capture des oiseaux du lac Stymphale, la capture du taureau crétois, la capture des juments de Diomède, la capture de la ceinture d'Hippolyte, la capture des bœufs de Géryon, la capture des pommes d'or des Hespérides, et la capture de Cerbère, le chien à trois têtes gardien des Enfers.

Autres Aventures d'Héraclès

Après avoir accompli les douze travaux, Héraclès poursuit ses aventures. Il accompagne Jason et les Argonautes dans leur quête de la toison d'or, participe à la lutte contre les Géants aux côtés de Zeus, et continue de se mesurer à des adversaires redoutables.

La Mort d'Héraclès

La vie d'Héraclès prend fin de manière tragique. Au cours de son troisième mariage avec Déjanire, il affronte plusieurs épreuves pour conserver son épouse. Notamment, il doit se mesurer au dieu fleuve Acheloos. Plus tard, il tue un page du palais de Déjanire, ce qui le contraint à s'exiler avec elle. En chemin, ils rencontrent Nessos, un centaure, qui propose de transporter Déjanire sur son dos à travers un fleuve. Cependant, au milieu du fleuve, Nessos tente de kidnapper Déjanire. Héraclès réagit en lui envoyant une flèche trempée dans le sang de l'hydre de Lerne, blessant mortellement Nessos. Avant de mourir, Nessos donne un conseil funeste à Déjanire, lui suggérant de conserver un peu de son sang comme philtre d'amour au cas où Héraclès tomberait amoureux d'une autre femme.

Plus tard, Héraclès devient l'esclave d'Omphale pour expier un crime, mais il retourne finalement auprès de Déjanire. C'est à ce moment qu'il tombe sous le charme de la belle Iole. Jalouse, Déjanire utilise le philtre, croyant qu'il renforcera leur amour. Cependant, le sang de Nessos est un poison violent qui brûle Héraclès. Désespéré, il se suicide en se jetant dans un feu, mettant ainsi fin à sa vie légendaire. Zeus accorde par la suite l'immortalité à son fils, qui épouse Hébé et rejoint les dieux sur le mont Olympe.

Les Héraclides

Les Héraclides sont les descendants présumés d'Héraclès et de Déjanire. Ils jouent un rôle majeur dans l'histoire de la Grèce antique, s'emparant du Péloponnèse et fondant les royaumes d'Argos, de Messénie et de Sparte. Cette légende peut également être interprétée comme une allégorie de la conquête du Péloponnèse par les Doriens, une vague d'envahisseurs indo-européens à la fin du deuxième millénaire avant J-C.

L'héritage d'Héraclès dans la mythologie grecque et au-delà est immense. Sa force inégalée, sa bravoure indomptable et son humanité touchante en font un modèle pour les héros à travers les âges. Sa légende inspire des œuvres artistiques, des récits épiques et des valeurs de courage et de détermination.

Héraclès représente l'incarnation de la lutte contre l'adversité, la capacité à surmonter des obstacles apparemment insurmontables, et la victoire sur ses propres démons intérieurs. Sa vie est un rappel que même les plus grands héros peuvent être confrontés à la tragédie, mais que leur héritage perdure, inspirant les générations futures à accomplir des exploits héroïques.

Chapitre 19
THESEE ET LE LABYRINTHE DU MINOTAURE

La mythologie grecque regorge de héros légendaires, et parmi eux, Thésée se distingue comme l'une des figures les plus emblématiques. Admirateur et ami d'Héraclès, Thésée a façonné le destin d'Athènes par ses exploits héroïques et son leadership politique. Son récit est une saga épique de courage, d'ingéniosité et de détermination.

Naissance d'un Héros

Thésée est le fils d'Égée, le roi d'Athènes, et d'Éthra, la fille du roi de Trézène. Sa naissance est marquée par une prophétie énigmatique de l'oracle de Delphes. L'oracle a averti Égée de « garder son outre à vin fermée jusqu'à ce qu'il atteigne le point le plus élevé d'Athènes, sous peine de mort », une curieuse prophétie. En chemin vers Athènes, Égée fait un détour à Corinthe, où il rencontre Médée, la magicienne, qui lui promet un fils en échange de son hospitalité.

Le roi Égée poursuit son voyage jusqu'à Trézène, où il est accueilli par le roi local. Il raconte à Éthra son aventure et lui confie le sort de leur futur enfant. Selon les instructions d'Égée, Thésée, une fois devenu adolescent, doit déplacer un énorme rocher pour accéder à une épée et des sandales cachées dessous, symboles de son héritage royal.

À la naissance de Thésée, son grand-père décide de le faire passer pour le fils de Poséidon, le dieu de la mer, et l'élève dans cette croyance. Ce n'est qu'à l'âge de seize ans, lorsque sa mère révèle la vérité sur son père, qu'il découvre sa véritable lignée.

La Route Vers Athènes : Les Premières Épreuves

Thésée quitte Trézène pour se rendre à Athènes. En chemin, il affronte une série d'épreuves impressionnantes, combattant des monstres, des brigands et des criminels. Son périple le conduit à Épidaure, où il terrasse Périphétès, le meurtrier de voyageurs armé d'une massue en bronze. Près de Corinthe, il met fin aux méfaits de Sinis, qui capturait et écartelait les passants.

À Crommyon, Thésée tue une truie vorace, puis Sciron, qui forçait les voyageurs à lui laver les pieds avant de les jeter dans la mer d'un coup de pied. À Éleusis, il défait Cercyon, le fils de Poséidon, qui engageait des combats mortels avec les voyageurs. En direction de Mégare, il élimine Procuste, qui allongeait ou raccourcissait les voyageurs pour les faire correspondre à la taille de son lit de torture.

Médée : Le Poison

Le retour triomphal de Thésée à Athènes est assombri par la présence de Médée, la magicienne malveillante, compagne d'Égée. Médée, devinant la véritable identité de Thésée, tente de l'empoisonner lors d'un banquet au palais. Toutefois, Thésée parvient à déjouer le complot et révèle sa véritable identité à son père. Égée renverse la coupe de poison, chassant Médée d'Athènes et mettant fin à son odieuse trahison.

Cependant, Thésée doit encore affronter les Palentides, ses cinquante cousins qui convoitent le trône d'Athènes. Certains sont tués dans la confrontation, tandis que d'autres prennent la fuite, marquant la persistance des défis pour Thésée.

La Grande Aventure de Thésée

La quête la plus célèbre de Thésée est son voyage en Crète pour affronter le Minotaure, une créature mi-homme, mi-taureau, créée par Minos, le roi de Crète, suite au meurtre de son fils Androgée par Athéniens. Thésée propose de se rendre en Crète et de tuer le Minotaure pour mettre fin aux sacrifices humains imposés par Minos.

Avant son départ, Thésée conclut un accord avec son père Égée. Ils conviennent qu'en cas de succès, il hissera une voile blanche pour annoncer sa victoire à son retour. En cas d'échec, le bateau reviendra avec la voile noire, signifiant sa mort.

À son arrivée en Crète, Thésée gagne le cœur de la princesse Ariane, la fille de Minos, qui tombe amoureuse de lui. Elle lui fournit une épée pour tuer le Minotaure et un fil pour retrouver son chemin hors du labyrinthe. Thésée parvient à tuer le monstre, grâce à sa bravoure et à l'aide d'Ariane. Il utilise le fil pour retrouver son chemin et sauver les autres Athéniens qui devaient être offerts en sacrifice.

Cependant, Thésée abandonne Ariane sur l'île de Naxos, une décision tragique qui a des conséquences durables.

Les Autres Aventures du Héros

La vie de Thésée est ponctuée d'autres exploits héroïques. Il voyage aux côtés d'Héraclès pour conquérir les Amazones, ramenant Antiope, la reine des Amazones, avec laquelle il a un fils, Hippolyte. Cependant, la jalousie et la vengeance des Amazones causent des ravages à Athènes, et Antiope perd la vie.

Thésée se marie par la suite avec Phèdre, mais leur bonheur est éclipsé par un drame. Phèdre tombe amoureuse de son beau-fils Hippolyte, le fils d'Antiope. Lorsque Hippolyte la rejette, Phèdre met fin à ses jours en laissant une lettre calomnieuse accusant Hippolyte de tentatives de séduction. Thésée, furieux, implore Poséidon de punir son fils, ce qui conduit à la tragique mort d'Hippolyte.

L'Amitié

Thésée développe une amitié étroite avec Pirithoos, un héros de Thessalie. Ensemble, ils affrontent les Centaures lors du mariage de Pirithoos et enlèvent Hélène de Sparte, future cause de la guerre de Troie. Ils concluent un accord avec Hélène, où Thésée prend temporairement possession de la princesse.

Cependant, leur quête les mène aux Enfers, où ils sont piégés sur des rochers par Hadès. Thésée sera finalement libéré par Héraclès lors de ses douze travaux, mais Pirithoos reste captif.

La Guerre de Troie

La capture d'Hélène par Thésée et Pirithoos contribue indirectement au déclenchement de la guerre de Troie. La séduction et l'enlèvement ultérieurs de la belle Hélène par Pâris, prince de Troie, sont l'une des causes de ce conflit légendaire, auquel participent des héros tels qu'Achille, Ulysse et même les fils de Thésée.

La Mort de Thésée et Sa Découverte

Après avoir été renversé à Athènes par les frères d'Hélène, Castor et Pollux, Thésée se réfugie sur l'île de Skyros, chez le roi Lycomède. C'est là qu'il trouve la fin de son voyage héroïque et de ses aventures tumultueuses.

Au fil des siècles, la mémoire de Thésée continue de vivre dans le cœur des Athéniens. Au Ve siècle av. J.-C., les soldats athéniens rapportent avoir vu le fantôme de Thésée, guidant leur victoire lors d'une bataille. Cimon, un chef militaire, décide de rechercher le corps de Thésée. À Skyros, il découvre un aigle grattant la terre sur une colline, ce qui le pousse à ordonner la fouille du lieu. À l'intérieur, des restes humains et des armes sont retrouvés. Les Athéniens les considèrent comme les restes de Thésée, les placent dans un tombeau et leur rendent hommage par des sacrifices et des prières.

Ses Réalisations

Thésée a profondément influencé Athènes en introduisant la démocratie, un système où les dirigeants sont élus par le peuple. De plus, il est à l'origine de la création des Panathénées, une fête dédiée à Athéna, la déesse de la sagesse et de la guerre. L'héritage de Thésée est donc double : politique et culturel, façonnant ainsi la destinée d'Athènes en tant que cité démocratique et culturelle.

Thésée incarne l'idéal du héros grec classique, doté d'une force inébranlable, d'une bravoure inépuisable et d'une détermination inégalée. Son histoire est une épopée de triomphes et de tragédies, qui a laissé une empreinte indélébile sur la mythologie grecque et l'histoire d'Athènes.

Chapitre 20

JASON ET LA QUETE DE LA TOISON D'OR

La mythologie grecque nous a légué une pléthore de héros inoubliables, et parmi eux, Jason se démarque par son courage, son intelligence et sa quête légendaire de la Toison d'or.

Origine et Sens du Nom de Jason

Le nom "Jason" est une création de la langue grecque ancienne, dérivée du verbe "ιᾶσθαι" (iasthai), signifiant "guérir" de manière transitive. Littéralement, Jason peut être traduit comme l'équivalent du participe présent français "guérissant" ou, de manière plus précise, "guérisseur". Cette étymologie suggère le potentiel de Jason à apporter la guérison et le réconfort, aussi bien sur le plan spirituel que corporel. Cette racine grecque se retrouve également dans le mot "pédiatre", désignant un médecin spécialisé dans les soins aux enfants, soulignant ainsi le lien entre Jason et la guérison.

Une Naissance Secrète et une Enfance Cachée

L'histoire de Jason commence par une naissance secrète et une enfance cachée. Il est le fils d'Éson, roi d'Iolcos, et d'Alcimède. Cependant, son père a été détrôné par Pélias, son demi-frère, ce qui a conduit à la nécessité de protéger Jason. Sa mère, Alcimède, le confia donc au centaure Chiron, une créature sage et érudite. Élevé par Chiron, Jason développa ses compétences et sa sagesse, se préparant ainsi à son destin héroïque.

La Quête de la Toison d'Or

Le moment de la réclamation du trône par Jason arriva finalement. En chemin vers la cité d'Iolcos, un incident marquant impliquant la déesse Héra eut lieu. Jason rencontra une vieille dame, en réalité Héra déguisée, qui lui demanda de la porter à travers un fleuve. En lui venant en aide, il perdit l'une de ses sandales, mais il gagna la confiance de la déesse. Cette sandale perdue devait jouer un rôle crucial dans les événements à venir.

Arrivant à Iolcos, Jason demanda à Pélias, le roi usurpateur, de lui restituer le trône qui lui revenait de droit. Pélias accepta à une condition : que Jason lui rapporte la Toison d'or. Cette Toison d'or était la peau d'un bélier miraculeux offert à un roi qui l'avait accueilli. Cependant, cette relique était gardée par un redoutable dragon.

Jason se lança dans cette quête périlleuse pour obtenir la Toison d'or, et il réunit un équipage d'aventuriers intrépides, les Argonautes. Parmi ces héros figuraient des figures légendaires telles qu'Hercule, les jumeaux Castor et Pollux, Lyncée, Orphée, et son propre cousin, Acaste. Ensemble, ils embarquèrent à bord de l'Argo, un bateau spécialement construit pour cette expédition.

Leur périple les mena jusqu'au royaume de Colchide, gouverné par le roi Aétès, où la Toison d'or était gardée.

Aétès accepta de remettre la Toison d'or à Jason à condition qu'il réussisse plusieurs épreuves extraordinaires. Il devait dompter deux taureaux aux sabots d'airain et aux naseaux de feu, les atteler pour labourer un champ, puis planter les dents d'un dragon dans ce champ. Ces épreuves semblaient insurmontables, mais Jason reçut une aide inattendue.

C'est à ce moment crucial de l'histoire que Jason rencontra Médée, la fille du roi Aétès. Médée, tombée amoureuse de Jason, décida de l'aider en utilisant sa magie puissante. Elle lui offrit un onguent protecteur pour se préserver des flammes des taureaux redoutables. Médée endormit également le dragon qui gardait la Toison d'or, permettant ainsi à Jason de s'en emparer. L'amour et la magie se sont combinés pour assurer le succès de leur quête.

Le Retour Triomphal

De retour à Iolcos avec la Toison d'or en sa possession, Jason récupéra son trône. Toutefois, il devait encore faire face à une épreuve ultime : se venger de son oncle Pélias, l'usurpateur du trône. Médée, toujours aux côtés de Jason, élabora une ruse machiavélique pour accomplir cette vengeance. Elle convainquit les filles de Pélias que leur père pourrait être rajeuni s'il était découpé en morceaux et cuit dans un chaudron. Éperdues d'espoir, les filles commirent l'acte macabre, mais bien sûr, Pélias ne revint jamais à la vie. Cette vengeance marque un tournant sombre dans le récit de Jason et Médée.

La Trahison et la Vengeance de Médée

L'histoire de Jason prend un tournant tragique lorsque, tombant amoureux de la fille du roi Créon, il délaissa

Médée. En apprenant cette trahison, Médée se vengea de manière impitoyable en tuant leurs propres enfants, Phérès et Merméros, ainsi que Créuse, la fille de Créon et l'amante de Jason. Elle incendia également leur maison, infligeant une douleur incommensurable à Jason.

L'acte de vengeance de Médée met en évidence la dualité de son personnage. Bien qu'elle ait utilisé sa magie pour aider Jason dans sa quête de la Toison d'or, elle se révèle être une force destructrice lorsque son amour est trahi. Cette trahison et la vengeance qui s'ensuit marquent un point culminant sombre dans le récit de Jason.

Sa légende perdure dans le temps, rappelant aux générations futures que même les plus grands héros peuvent connaître des moments sombres et des choix difficiles. Jason, le guérisseur héroïque de la Toison d'or, demeure un personnage fascinant de la mythologie grecque, dont l'histoire continue de captiver et d'inspirer.

Chapitre 21

ULYSSE, L'ODYSSEE D'UN HEROS

La mythologie grecque est riche en héros légendaires, mais aucun n'incarne la ruse et l'intelligence autant qu'Ulysse, également connu sous le nom d'Odysseus. Le personnage principal de l'Odyssée d'Homère, Ulysse, est un roi d'Ithaque, une île grecque, et le fils de Laërte et d'Anticlée. Ce héros grec a fait preuve de force, de sagacité et de courage exceptionnels au cours de sa vie tumultueuse, et son nom reste synonyme de ruses ingénieuses et d'aventures épiques.

Ulysse, le Héros aux Mille Ruses

Ulysse se démarque non seulement par son intelligence, mais aussi par sa puissance physique. Dans l'Odyssée, il démontre à maintes reprises sa force exceptionnelle. Lorsqu'il séjourne chez le roi Alkinoos des Phéaciens, Ulysse participe à des jeux et éblouit la foule en surpassant ses concurrents au lancer de disque. À son retour à Ithaque, il est le seul capable de bander l'arc qu'aucun autre homme ne peut armer et de faire passer une flèche à travers douze haches alignées. Sa puissance physique est tout aussi impressionnante que son intelligence.

Si Ulysse est surnommé le "héros aux mille ruses", c'est principalement en raison de son intelligence exceptionnelle. Sa capacité à concevoir des stratagèmes ingénieux le distingue parmi les héros grecs. Son exploit le plus célèbre est sans aucun doute la ruse du Cheval de Troie, un stratagème qu'il a conçu pour mettre fin à la guerre de Troie. Les Grecs, incapables de pénétrer les murs de Troie, ont construit un immense cheval de bois dans lequel se sont cachés les guerriers grecs. Les Troyens, pensant qu'il s'agissait d'un cadeau, ont fait entrer le cheval dans la ville, scellant ainsi leur propre destin.

Cependant, la ruse du Cheval de Troie n'est qu'un exemple parmi tant d'autres de l'intelligence d'Ulysse. Dans l'Odyssée, il échappe aux griffes du Cyclope Polyphème en le saoulant et en cachant ses hommes sous des moutons. Il est également un stratège brillant, capable de planifier à long terme et d'anticiper les actions de ses ennemis. Ulysse est le héros qui combine l'intelligence et la bravoure pour surmonter les obstacles les plus redoutables.

Sa Famille

Pénélope est l'épouse loyale et dévouée d'Ulysse. Lorsque son mari part pour la guerre de Troie, elle reste à Ithaque et élève leur fils Télémaque. La ruse de Pénélope pour retarder ses prétendants est célèbre. Elle prétend qu'elle ne se remariera que lorsque son tissage pour le père d'Ulysse, Laërte, sera terminé. Cependant, chaque nuit, elle défait son travail, retardant ainsi le choix d'un nouveau mari. Pénélope est un modèle de fidélité et d'ingéniosité, tout comme Ulysse.

Télémaque est le fils unique d'Ulysse et de Pénélope. Il est né peu de temps avant le départ de son père pour la guerre de Troie. Télémaque est élevé et éduqué par Mentor, un ami de son père. Sa relation avec Ulysse se développe lorsque son père revient à Ithaque, déguisé en mendiant, et révèle finalement son identité à Télémaque. Ensemble, ils travaillent pour éliminer les prétendants de Pénélope et restaurer l'ordre à Ithaque.

Monstres de la Mythologie Grecque

Au cours de ses aventures, Ulysse rencontre une variété de créatures mythologiques, certaines séductrices, d'autres dévoreuses.

Séducteurs

- **Circé** : La magicienne Circé, tout en étant une séductrice, est également une alliée précieuse pour

Ulysse. Elle l'aide à surmonter de nombreux obstacles et à retrouver son chemin vers Ithaque.

- **Les Sirènes** : Ces créatures mi-femmes, mi-oiseaux, chantent des mélodies envoûtantes pour attirer les marins vers leur mort. Ulysse les défie en se faisant attacher au mât de son navire pour écouter leur chant sans succomber.

- **Les Lotophages** : Ces habitants d'une île offrent à Ulysse et ses hommes des fleurs de lotus, les plongeant dans un état d'oubli. Ulysse doit les ramener de force sur son navire pour continuer son voyage.

Dévoreurs

- **Charybde et Scylla** : Ulysse fait face à ces monstres marins redoutables. Charybde est un tourbillon engloutissant, tandis que Scylla est un monstre à six têtes qui attaque les navires. Ulysse doit naviguer habilement entre ces deux périls.

- **Les Cyclopes** : Polyphème, un Cyclope, retient Ulysse et ses compagnons dans sa caverne. Ulysse conçoit une ruse pour s'échapper, en aveuglant Polyphème après l'avoir enivré.

- **Les Lestrygons** : Ces géants cannibales attaquent les navires d'Ulysse, causant la perte de la plupart de ses équipages.

L'histoire d'Ulysse, telle qu'elle est racontée par Homère dans l'Odyssée, est une œuvre littéraire classique de la

Grèce antique. Cette épopée épique continue de captiver les lecteurs du monde entier grâce à ses récits d'aventures, de ruses ingénieuses et de personnages inoubliables. L'Odyssée d'Ulysse est un témoignage de la persévérance, de la ruse et du pouvoir de l'intelligence dans la quête du retour chez soi.

Ulysse est un dont le nom est synonyme de ruses ingénieuses et d'exploits courageux. Sa fidélité envers sa famille, sa femme Pénélope et son fils Télémaque, ainsi que sa capacité à surmonter des monstres mythologiques font de lui un personnage captivant et intemporel.

Chapitre 22
ŒDIPE, LE ROI MAUDIT

Dans la mythologie grecque, nul personnage n'incarne aussi tragiquement le destin inéluctable que Œdipe, prononcé correctement "é-dipe". Son nom en grec ancien, Οἰδίπους / Oidípous, signifie littéralement "celui qui a les pieds enflés", une référence poignante à un élément clé de son histoire. L'histoire d'Œdipe est un exemple frappant de la manière dont les prophéties des dieux peuvent façonner de manière inextricable la vie d'un individu.

Mythe d'Œdipe

Le destin tragique d'Œdipe commence avant même sa naissance, avec une prophétie émise par l'oracle de Delphes. Les rois de Thèbes, Laïos et Jocaste, reçoivent l'annonce effroyable que leur futur fils tuerait son propre père et épouserait sa mère. Terrifiés par cette prédiction, ils décident de prendre des mesures radicales pour l'empêcher de se réaliser. À la naissance d'Œdipe, ils ordonnent à un serviteur d'abandonner l'enfant sur le mont Cithéron, les pieds attachés pour l'empêcher de revenir.

Cependant, le destin d'Œdipe est scellé autrement. Un berger découvre l'enfant et prend soin de lui, ignorant les ordres de ses parents biologiques. Œdipe est finalement confié à Polybe, le roi de Corinthe, qui l'élève comme son propre fils sans lui révéler la vérité sur ses origines. Il lui donne le nom d'Œdipe en référence à ses pieds enflés, marqués par l'attache de son abandon.

La tragédie prend une tournure inéluctable lorsque Œdipe, ignorant tout de sa véritable identité, apprend la prédiction de l'oracle de Delphes. Décidé à échapper à ce destin funeste, il décide de quitter Corinthe. En chemin, il rencontre un homme et ses serviteurs. Dans un acte impulsif, Œdipe tue l'homme, croyant qu'il s'agit d'une bande de voleurs. Il découvre plus tard que cet homme n'était autre que Laïos, son propre père.

L'histoire d'Œdipe prend un tournant majeur lorsqu'il arrive à Thèbes, où il fait face au terrible Sphinx. Ce monstre bloquait la route principale de la ville, terrorisant les habitants et tuant tous ceux qui ne pouvaient pas résoudre son énigme. L'énigme du Sphinx était célèbre : "Qu'est-ce qui marche à quatre pattes le matin, à deux le midi et à trois le soir ?" Œdipe trouve la réponse à cette énigme, comprenant que c'est l'Homme lui-même. Au matin de la vie, il rampe, à midi il marche sur ses deux jambes, et au soir de la vie, il s'aide d'une canne. La victoire d'Œdipe sur le

Sphinx lui vaut la reconnaissance des habitants de Thèbes, qui le choisissent comme roi et lui donnent en mariage la reine, Jocaste. Cependant, le mariage d'Œdipe avec Jocaste scelle son destin tragique, car il ne sait pas que Jocaste est en réalité sa mère, veuve de Laïos. Œdipe et Jocaste vivent heureux ensemble pendant de nombreuses années, ignorant leur relation de sang. Ils ont quatre enfants : Étéocle, Polynice, Antigone et Ismène.

Le sort s'acharne sur Œdipe lorsque Thèbes est frappée par une épidémie de peste. L'oracle de Delphes révèle que la peste continuera tant que le meurtrier de Laïos ne sera pas démasqué. Œdipe entreprend alors une enquête pour découvrir la vérité, mais il ne tarde pas à réaliser qu'il est lui-même le coupable, ayant tué son père sans le savoir. Jocaste, apprenant également la vérité, met fin à ses jours. Œdipe, plongé dans le désespoir, se crève les yeux avec la broche de sa femme et mère, Jocaste, renonçant ainsi à son trône. Chassé de Thèbes, il part en exil, guidé par sa fille Antigone. Leur voyage les mène à Colone, un lieu de culte où les Érinyes sont vénérées, près d'Athènes. Œdipe reçoit une promesse d'Apollon que sa sépulture deviendrait un lieu sacré.

L'histoire d'Œdipe est un récit puissant de la lutte contre le destin et des conséquences dévastatrices des actions passées. Elle explore les thèmes de la prophétie inéluctable, de la tragédie de l'ignorance, et de la réalisation amère du destin. Le nom d'Œdipe reste un symbole de la complexité du destin humain, rappelant aux générations futures que même les actions les plus bien intentionnées peuvent avoir des conséquences inattendues et tragiques.

Chapitre 23

PERSEE : LE HEROS
DEFIANT LE DESTIN

Dans le panthéon de la mythologie grecque, Persée se démarque comme un héros exceptionnel, le fils de Zeus, le roi des dieux, et de Danaé, une mortelle. Son histoire est tissée de tragédie, d'héroïsme et de la victoire sur des créatures mythiques redoutables. Persée est un demi-dieu dont le destin est marqué par une prophétie sinistre et une série de défis extraordinaires.

Naissance et Prophétie

L'histoire de Persée commence avec une prophétie qui prédit sa naissance et son destin tragique. Acrisios, roi d'Argos, est informé par un oracle que son propre petit-fils le tuera. Pour empêcher cela de se produire, Acrisios enferme sa fille Danaé dans une tour d'airain avec seulement une ouverture dans le toit. Cependant, Zeus, le roi des dieux, épris de Danaé, trouve un moyen de la rejoindre. Il se métamorphose en une pluie d'or qui la féconde, donnant ainsi naissance à Persée.

Acrisios prend des mesures radicales pour se prémunir contre la prophétie, plaçant Danaé et Persée dans un coffre en bois, qu'il jette ensuite dans la mer Égée. Miraculeusement, le coffre est découvert par Dictys, le frère du roi Polydectes de l'île de Sériphos. Danaé et Persée sont sauvés de la noyade et accueillis sur l'île.

Le Défi de Polydectes

Les années passent, et Persée grandit sur l'île de Sériphos. Malheureusement, le roi Polydectes développe un désir obsessionnel pour Danaé et cherche à se débarrasser de Persée, qu'il considère comme un obstacle à ses avances. Pour se débarrasser du jeune homme, Polydectes élabore un plan sournois. Il demande à ses sujets d'apporter des cadeaux pour sa future épouse, Danaé, et met au défi Persée de lui ramener la tête de Méduse, l'une des terribles Gorgones, comme cadeau de mariage.

La Quête de Persée

Persée, malgré la difficulté apparente de la tâche, accepte le défi de Polydectes. Il part en quête de la tête de

Méduse, armé de son courage et de la faveur des dieux. La légende raconte que les dieux eux-mêmes lui viennent en aide :

- Athéna, déesse de la sagesse, lui prête son bouclier de bronze poli, qui servira de miroir pour lui permettre d'approcher Méduse sans la regarder directement, car le regard de Méduse changeait les hommes en pierre.

- Hermès, le messager des dieux, lui offre des sandales ailées pour une grande mobilité et une faucille d'or pour trancher la gorge de Méduse.

- Les nymphes lui donnent un sac magique capable de contenir la tête coupée de Méduse.

- Les Grées, divinités primordiales, lui montrent le chemin vers la tanière de Méduse.

Avec ces dons divins et l'aide des dieux, Persée part en direction du repaire de Méduse, situé au pied du Mont Atlas, au Maroc. Là, il affronte la terrifiante Gorgone. En utilisant le bouclier de bronze comme miroir, il parvient à trancher le cou écailleux de Méduse avec la serpe dorée qu'Hermès lui a donnée. De cette mort sanglante, jaillissent deux créatures mythiques : Pégase, le cheval ailé, et Chrysaor, un guerrier armé d'une épée d'or. Tous deux sont les descendants de Poséidon, le dieu des mers.

41. *Anguiparum Meduſæ caput præſcindit Perſeus.*

La Délivrance d'Andromède

Après avoir triomphé de Méduse, Persée reprend sa
quête et découvre Andromède, fille de Céphée et de
Cassiopée, attachée nue sur un rocher en pleine mer. Elle
est destinée à être offerte en sacrifice à un monstre marin,
Cétios, pour apaiser la colère de Poséidon. Persée promet de
la sauver en échange de sa main en mariage. Avec vaillance,
il tue le monstre, réalisant ainsi son engagement et
épousant Andromède.

Le Retour à Sériphos et la Vengeance sur Polydectes

Persée et Andromède retournent à Sériphos, mais ils ne
sont pas accueillis par des festivités joyeuses. Polydectes,
toujours avide de Danaé, les menace. Persée décide de lui

offrir le cadeau promis : la tête de Méduse, soigneusement enveloppée dans le sac magique. Lorsqu'il dévoile la tête de Méduse devant le roi et sa cour, tous sont pétrifiés, y compris Polydectes lui-même.

Le Départ d'Argos et la Fin Tragique

Persée et sa mère, Danaé, ont maintenant la possibilité de vivre en paix. Cependant, le destin les rattrape. À la recherche de son grand-père, Persée se rend à Larissa pour participer à des jeux funèbres. Malheureusement, lors de l'épreuve du lancer du disque, il tue involontairement Acrisios, accomplissant ainsi la prophétie qui avait prédit la mort de son grand-père.

Suite à cet acte tragique, Persée devient roi d'Argos, qu'il échange plus tard contre la ville de Tirynthe. Selon certaines versions, il serait même le fondateur de Mycènes. Son fils, Persès, est considéré comme l'ancêtre légendaire du peuple perse dans certaines traditions mythologiques.

L'histoire de Persée est un récit épique d'aventure, de courage et de triomphe sur les obstacles. Il incarne l'idée que même face à des prophéties sombres et à des défis insurmontables, la détermination, la ruse et l'aide des dieux peuvent mener à la victoire.

Chapitre 24
BELLEROPHON : HEROS ET TRAGEDIE

Bellérophon incarne à la fois la gloire et la tragédie, l'ascension et la chute. Né à Ephyre, il est le fils d'Eurymone, mais son ascendance paternelle reste incertaine, pouvant être attribuée soit à Poséidon, soit à Glaucos. Cette ambivalence quant à ses origines contribue à l'aura mystérieuse qui entoure ce héros, dont la vie est parsemée d'événements extraordinaires.

Le Crime et la Quête de Rédemption

L'histoire de Bellérophon commence par un acte tragique. Sous le nom d'Hipponoos, il part en chasse avec son frère, Belléros, à la poursuite d'un sanglier redoutable. Après deux jours de traque, la flèche d'Hipponoos, croyant atteindre le sanglier, trouve malheureusement son frère, Belléros, qui tombe mortellement blessé. Pour échapper à son crime, Hipponoos prend une décision lourde de conséquences : il change de nom pour devenir Bellérophon, ce qui signifie "l'assassin de Belléros."

Conformément aux lois de l'époque, Bellérophon doit quitter sa ville natale, Corinthe, et s'exiler jusqu'à ce qu'une autre cité lui offre l'hospitalité, ce qui le purifiera de son meurtre. C'est ainsi qu'il se rend auprès de Proétos, le roi de Tirynthe, espérant trouver refuge et rédemption.

Le Mensonge de Sténébé et le Défi de la Lycie

Proétos accepte Bellérophon dans sa cour, mais cette décision marque le début d'une série d'événements tragiques. Sténébé, la femme de Proétos, tombe éperdument amoureuse de Bellérophon. Cependant, ses avances sont rejetées, et l'humiliation transforme son amour en haine. Sténébé, dans un acte de vengeance, accuse publiquement Bellérophon d'avoir tenté d'abuser d'elle.

Le roi Proétos se retrouve alors confronté à un dilemme moral. D'un côté, il est tenu de respecter les lois de l'hospitalité, qui interdisent de tuer un hôte. D'un autre côté, il ne peut pas laisser cette offense impunie. Pour résoudre ce dilemme, Proétos décide d'envoyer Bellérophon porter une lettre à Iobatès, son beau-père, le roi de Lycie.

Bellérophon, soulagé de cette opportunité d'échapper à son châtiment, accepte la mission.

Arrivé en Lycie, Bellérophon est accueilli chaleureusement par le roi Iobatès. Cependant, ce dernier découvre le contenu de la lettre de Proétos, qui l'accuse d'avoir tenté d'abuser de sa propre fille, Philonoé. Iobatès se trouve alors dans la même situation délicate : tuer un hôte est contraire aux lois de l'hospitalité, mais il doit également agir en tant que beau-père offensé. Il propose donc à Bellérophon un défi apparent insurmontable : tuer la Chimère, un monstrueux être avec un corps de lion, une tête de chèvre et une queue de serpent crachant du feu.

La Quête d'un Héros : La Domination de Pégase et la Bataille contre la Chimère

La quête de Bellérophon pour accomplir la tâche imposée par Iobatès l'amène à chercher l'aide des dieux. Un oracle lui révèle que la Chimère ne peut être vaincue "que par les airs." Dès lors, Bellérophon entreprend la recherche de Pégase, le cheval ailé légendaire réputé indomptable.

La recherche de Pégase le mène finalement près de la fontaine de Pyrène, grâce aux indications d'Athéna dans un rêve. Athéna lui a également offert une bride en or pour dompter Pégase. Lorsque Bellérophon se réveille, la bride est à ses côtés, prête à être utilisée.

Bellérophon parvient à dompter Pégase, et ensemble, ils se lancent dans la bataille contre la Chimère. La confrontation est épique, et malgré les flèches et les coups de sabots de Pégase, la créature démoniaque semble invincible. Bellérophon, perspicace et courageux, trouve la solution en plaçant un morceau de plomb à l'extrémité de sa lance. Il la lance dans la gueule de la Chimère, qui crache du feu et fait fondre le plomb, causant sa mort.

Triomphes et Nouveaux Défis : Les Solymes, les Amazones et la Tragédie Finale

Bellérophon, maintenant reconnu comme un héros, retourne triomphalement auprès d'Iobatès, mais le roi l'envoie immédiatement combattre les Solymes, un groupe de guerriers redoutables. Bellérophon, sans crainte depuis sa victoire sur la Chimère, enfourche Pégase et les écrase au combat.

Iobatès, étonné par les prouesses de Bellérophon, commence à douter de ses origines. Il soupçonne que Bellérophon pourrait être le fils de Poséidon, le dieu de la mer, ce qui serait un outrage. Cependant, au lieu de le tuer, il confie sa fille Philioné à Bellérophon et le désigne comme son successeur.

Cependant, la tragédie n'est pas terminée. Bellérophon doit encore punir Sténébé, la femme de Proétos, pour ses mensonges et sa tromperie. Pégase intervient une dernière fois, conduisant Sténébé dans les airs avant de la laisser tomber, mettant ainsi fin à son rôle néfaste.

L'Orgueil et la Chute Finale

Bellérophon connaît une période de bonheur avec sa femme Philonoé, qui lui donne trois enfants, et il devient roi de Lycie. Cependant, son succès commence à l'inquiéter. Ses exploits héroïques sont progressivement attribués à sa parenté supposée avec Poséidon, le dieu des mers. Cette perception alimente son orgueil grandissant. Bellérophon, aveuglé par ses succès et son désir de transcender sa condition humaine, commet une erreur tragique.

Un jour, sa colère et son arrogance atteignent leur paroxysme. Bellérophon détruit le temple de Poséidon, proférant des paroles blasphématoires, affirmant que les dieux ne sont rien. Il est persuadé qu'il est désormais l'égal des dieux, voire qu'il mérite une place parmi eux sur l'Olympe.

S'envolant sur le dos de Pégase, Bellérophon tente de s'élever jusqu'à l'Olympe, la demeure des dieux. Zeus, le roi des dieux, observe tout depuis son trône céleste. Voyant l'audace de Bellérophon, Zeus décide d'intervenir. Il lance un taon géant en direction de Pégase. Le cheval ailé, agité par le taon divin, se cabre brusquement, provoquant la chute tragique de Bellérophon.

Le héros déchu atterrit dans des buissons épineux qui lui crèvent les yeux. Zeus, tout-puissant, a choisi de ne pas lui ôter la vie, mais il lui inflige une punition sévère. Le roi des dieux estime que la chute de Bellérophon est une conséquence dérisoire de son orgueil démesuré, bien en dessous de la gravité de ses actions passées.

Bellérophon se relève, mais il est désormais aveugle et boiteux. Sa quête de grandeur l'a conduit à une chute amère, et sa fin demeure un mystère. Personne ne sait où il a erré, ni quand ni comment il a fini ses jours.

La légende de Bellérophon est un rappel poignant des dangers de l'orgueil démesuré et de la quête de grandeur aux dépens de la modestie et de la gratitude envers les dieux. Son destin tragique rappelle que même les héros peuvent tomber, que les défis posés par les dieux sont à la fois des opportunités et des tests, et que l'humilité reste une vertu essentielle, même pour ceux qui atteignent des sommets.

Chapitre 25

ACHILLE ET LA GUERRE DE TROIE

Achille, le héros légendaire de la mythologie grecque, occupe une place centrale dans l'épopée antique de l'Iliade, qui relate la colère et les exploits de ce guerrier inégalé pendant le siège de la ville de Troie. Né de l'union entre Pélée, le roi des Myrmidons en Thessalie, et Thétis, une nymphe marine et fille du dieu Nérée, Achille possède dès sa naissance un destin hors du commun.

Enfance du héro

L'enfance d'Achille est marquée par des éléments extraordinaires qui préfigurent son destin de guerrier invincible. Thétis, sa mère, a choisi de le rendre invulnérable en le plongeant dans le Styx, le fleuve des Enfers. Cette immersion le protège de toute blessure, à l'exception d'une seule vulnérabilité : son talon droit, la seule partie de son corps qui n'a pas touché les eaux du Styx lorsqu'elle le tenait. Ce talon deviendra tristement célèbre et sera à l'origine de sa perte ultime.

L'éducation d'Achille est confiée à Chiron, un centaure sage et compétent. Sous la tutelle de ce maître hors du commun, le jeune Achille acquiert non seulement des compétences martiales exceptionnelles, mais également une éducation morale et intellectuelle remarquable. Chiron lui transmet les arts de la guerre, la musique, la médecine, et lui inculque des valeurs telles que la loyauté, le courage et le respect envers les dieux.

Un destin inéducable

Cependant, le destin d'Achille prend un tournant décisif lorsque la guerre de Troie éclate, opposant les Grecs et les Troyens. Thétis, la mère d'Achille, consciente que la guerre causera la mort de son fils, tente de le soustraire à ce conflit funeste. Elle l'envoie à la cour du roi de Scyros, où Achille se dissimule sous un déguisement féminin pour échapper à la conscription. Mais Ulysse, le rusé héros grec, découvre le subterfuge. Il offre des présents aux filles du roi de Scyros, parmi lesquels se trouvent des armes d'une beauté exceptionnelle. Achille, attiré par ces armes, les saisit, trahissant ainsi son identité.

Contrairement à sa mère, Achille décide de participer à la guerre de Troie. Il préfère une vie brève mais glorieuse à une vie longue mais dépourvue de gloire. Dirigeant sa propre armée, celle des Myrmidons, il se distingue rapidement par ses prouesses au combat. Sous sa direction, les Grecs conquièrent plusieurs villes de la Troade.

La première grande épreuve pour Achille survient lorsqu'Agamemnon, le roi de Mycènes, exige que Briséis, une jeune femme captive et compagne d'Achille, lui soit remise. Agamemnon, contraint de libérer Chryséis, la fille d'un prêtre d'Apollon, pour apaiser la colère divine, réclame alors Briséis. Achille, contraint de céder à la demande d'Agamemnon, entre dans une fureur noire.

Profondément humilié et enragé par cette injustice, Achille se retire sous sa tente et décide de ne plus combattre aux côtés des Grecs. Sa colère devient légendaire, et il se désintéresse des batailles en cours, laissant les Grecs en difficulté face aux Troyens. Cette période de désaccord et de retrait d'Achille devient un tournant décisif dans la guerre de Troie, et les Grecs subissent de lourdes pertes en son absence.

La suite de la tragédie

La tragédie atteint son paroxysme lorsque Patrocle, le compagnon intime d'Achille, décide de revêtir l'armure de son ami et de conduire les Myrmidons au combat pour redonner espoir aux Grecs. Malheureusement, Patrocle n'est pas de taille à affronter Hector, le prince troyen. Il meurt sous les coups du vaillant Hector, provoquant un choc immense chez Achille.

La nouvelle de la mort de Patrocle atteint Achille, plongeant ce dernier dans un abîme de douleur et de culpabilité. Il organise des funérailles grandioses pour son ami tombé au combat, témoignant de l'immense chagrin qui le consume. Suite à cette tragédie, Achille obtient de sa mère, Thétis, que le dieu Héphaïstos lui forge une nouvelle armure, d'une beauté et d'une puissance inégalées.

Finalement, Achille décide de revenir au combat, motivé par le désir de venger Patrocle et de remporter une victoire éclatante. Il se rend aux portes de Troie, où il réclame un combat singulier contre Hector. Achille triomphe de son adversaire, traînant ensuite le corps sans vie d'Hector derrière son char. Malgré l'humiliation infligée à Hector, Achille se laisse toucher par les supplications de Priam, le père d'Hector, venu réclamer le corps de son fils. Achille, dans un geste d'humanité, accorde enfin à Hector des funérailles dignes de ce nom.

La fin de l'épopée du héro

La mort d'Achille ne figure pas dans l'Iliade, mais elle est relatée dans des versions poétiques ultérieures. Selon ces récits, Achille trouve la mort aux portes de Troie, tué par Pâris, le frère d'Hector.

La légende raconte qu'une flèche tirée par Pâris, sous la guidance du dieu Apollon, atteint Achille à son talon droit, la seule partie vulnérable de son corps. Cette flèche est fatale pour le grand guerrier, mettant ainsi fin à sa vie héroïque.

Par la suite, dans l'épopée de l'Odyssée, Agamemnon relate la manière dont il y eut une lutte acharnée autour du corps d'Achille, un héros vénéré par les Grecs. Les chefs grecs se disputent ses armes exceptionnelles, symboles de sa puissance et de sa renommée. Ces armes merveilleuses finissent par être partagées entre les dirigeants grecs, chacun recevant une part de cet héritage légendaire.

Son destin, marqué par des choix difficiles et des tragédies personnelles, fait de lui l'une des figures les plus mémorables de la mythologie grecque. L'ombre de son talon vulnérable rappelle que même les plus grands héros ont leurs faiblesses, et que la gloire est souvent accompagnée de sacrifices et de souffrances.

PARTIE 4: LES GRANDES AVENTURES

Chapitre 26
L'ILLIADE

L'Iliade, un épic poème grec composé de 24 chants, est l'un des joyaux de la littérature antique attribués à l'énigmatique poète Homère. Cette œuvre épique, ayant vu le jour au VIIIe siècle av. J-C, est au cœur de la culture grecque et continue d'influencer la littérature, l'art et la pensée occidentale. Elle se concentre principalement sur les événements de la guerre de Troie, un conflit mythique qui aurait eu lieu dans la cité de Troie, située dans l'actuelle Turquie.

Le récit de l'Iliade débute avec un acte de discorde entre trois déesses majeures de la mythologie grecque : Héra, Athéna et Aphrodite. La déesse de la discorde, Éris, jette une pomme d'or marquée de l'inscription "À la plus belle" lors du mariage de Thétis et Pélée, les parents du héros Achille. Cette pomme devient l'objet de rivalités et de querelles entre les trois déesses, chacune revendiquant le titre de "plus belle".

Le conflit entre ces divinités déclenche une série d'événements qui aboutissent à la guerre de Troie. Paris, le prince troyen, est choisi pour arbitrer le concours de beauté et est séduit par Aphrodite, qui lui promet l'amour d'Hélène, la femme la plus belle du monde. Le problème est que Hélène est déjà mariée à Ménélas, roi de Sparte. Paris enlève Hélène et la ramène à Troie, déclenchant ainsi la colère des Grecs.

Le roi Agamemnon, frère de Ménélas et chef de l'expédition grecque, est furieux contre Paris et réclame la restitution de sa femme. Cependant, Achille, le guerrier grec le plus redoutable, refuse de combattre aux côtés des Grecs. Il est ulcéré par Agamemnon, qui lui a pris son esclave Briseis. Cette décision d'Achille est un tournant crucial dans la guerre, car son absence sur le champ de bataille permet aux Troyens de remporter des succès militaires.

La situation atteint son paroxysme lorsque Patrocle, le meilleur ami d'Achille, décide de revêtir l'armure du héros et de mener les Grecs au combat, dans l'espoir de redonner le moral à leur armée. Cependant, Patrocle est tué par Hector, le courageux prince troyen et l'un des personnages les plus nobles de l'Iliade. Cette tragédie pousse Achille à sortir de sa retraite et à revenir sur le champ de bataille pour se venger de la mort de Patrocle.

Achille se lance dans une série d'actes héroïques, culminant avec son combat fatal contre Hector. Le héros grec tue Hector et traîne son corps autour des remparts de Troie, insouciant des coutumes funéraires et des lois de l'hospitalité. La mort d'Hector est un moment tragique dans l'Iliade, soulignant la futilité et la cruauté de la guerre.

Cependant, la vengeance d'Achille ne s'arrête pas là. Il refuse de restituer le corps d'Hector à son père, le roi Priam, malgré les supplications de ce dernier. C'est un acte de défi envers les dieux et la moralité humaine. Cette décision irrite profondément les dieux, car elle enfreint les règles divines de l'hospitalité et de la piété filiale.

Le destin tragique d'Achille prend fin lorsque Pâris, soutenu par Apollon, le dieu de la musique et de la guérison, tire une flèche mortelle dans son talon, la seule partie vulnérable de son corps. La mort d'Achille met fin à l'épopée et marque la fin de l'Iliade. Le poème se termine sur une note de tristesse et de deuil pour le héros grec.

L'Iliade est une œuvre intemporelle qui explore des thèmes profonds tels que l'honneur, la vengeance, la gloire, la destinée, la nature humaine et la fragilité de la vie. Il met en scène des personnages mémorables, des dieux manipulateurs et des guerriers héroïques. L'Iliade a une influence considérable sur la culture occidentale et continue d'inspirer des générations de lecteurs et d'artistes, témoignant de sa pertinence intemporelle.

Chapitre 27
L'ODYSSEE

L'Odyssée, l'une des œuvres majeures de la littérature antique encore une fois attribuées à l'énigmatique poète Homère, est un récit épique composé de vingt-quatre chants. Ces chants narrent les aventures incroyables d'Ulysse lors de son long voyage de retour vers son île d'Ithaque après la guerre de Troie, telle qu'elle a été racontée dans l'Iliade.

L'Odyssée débute dix ans après la chute de Troie, lorsque tous les autres chefs grecs impliqués dans la guerre sont déjà retournés chez eux, mais Ulysse demeure piégé sur les mers en raison de la colère du dieu Poséidon. Son périple est un voyage riche en rencontres, défis et épreuves, tout en mettant en lumière les qualités et les ruses qui caractérisent le personnage d'Ulysse.

L'un des épisodes les plus célèbres de l'Odyssée est l'incident avec le Cyclope Polyphème. Ulysse et ses compagnons atterrissent sur l'île du Cyclope et pénètrent dans sa grotte. Cependant, le Cyclope les capture et les enferme pour les dévorer un par un. Ulysse, ingénieux comme toujours, parvient à aveugler Polyphème en lui faisant croire que son nom est "Personne". Lorsque les autres Cyclopes viennent à l'aide de Polyphème après avoir entendu ses cris de douleur, il leur dit que "Personne" l'attaque. En conséquence, les autres Cyclopes pensent qu'il ne se passe rien d'anormal, et Ulysse et ses hommes parviennent à s'échapper de la grotte en se cachant sous les moutons de Polyphème.

Un autre moment mémorable de l'Odyssée est l'épisode des Sirènes. Ulysse et son équipage doivent naviguer près de l'île des Sirènes, des créatures mi-femmes mi-oiseaux dont le chant est si envoûtant qu'il pousse les marins à la folie et les attire vers leur mort certaine. Ulysse, informé de ce danger par la magicienne Circé, décide de se faire attacher au mât de son navire et de faire boucher les oreilles de ses hommes avec de la cire pour qu'ils ne puissent pas entendre le chant des Sirènes. Ainsi, ils parviennent à passer en toute sécurité.

L'Odyssée présente également une pléthore d'autres aventures, notamment l'enchantement de Circé, une puissante sorcière qui transforme les compagnons d'Ulysse en porcs ; la navigation à travers Charybde et Scylla, deux créatures monstrueuses qui habitent dans un détroit périlleux ; la visite aux Enfers, où Ulysse consulte le devin Tirésias et rencontre les âmes des défunts ; et la rencontre avec les Phéaciens, un peuple hospitalier qui aide Ulysse à retourner chez lui.

L'une des épreuves les plus significatives d'Ulysse est son séjour de sept ans sur l'île de Calypso, une nymphe divine qui retient Ulysse comme prisonnier amoureux. Finalement, les dieux décident d'intervenir et demandent à Calypso de laisser Ulysse partir. C'est à ce moment-là que le voyage de retour d'Ulysse reprend sérieusement.

Lorsqu'Ulysse finit par retourner à Ithaque, il découvre que son palais est envahi par des prétendants qui convoitent sa femme Pénélope. Ulysse, cependant, revient sous un déguisement, dévoile sa véritable identité avec l'aide de son fils Télémaque, et défie les prétendants dans une série de défis. La plus célèbre de ces épreuves est le tir à l'arc, où Ulysse est le seul capable de tendre l'arc de son prédécesseur. Il abat ensuite les prétendants avec l'aide de Télémaque et d'autres serviteurs loyaux.

Finalement, Ulysse retrouve sa femme Pénélope et reprend son rôle de roi d'Ithaque, mettant fin à son long et tumultueux voyage de retour. L'Odyssée se termine par une réconciliation entre Ulysse et son fils Télémaque, ainsi que par l'apaisement de la colère de Poséidon.

L'Odyssée est un récit qui met en lumière les nombreuses qualités d'Ulysse, notamment son intelligence, sa ruse, son respect des rites de l'hospitalité, son courage et sa compassion. Ces qualités, combinées à son désir irrépressible de retourner chez lui, font d'Ulysse un personnage exemplaire de l'antiquité grecque. L'épopée met également en évidence les valeurs de l'Antiquité grecque, telles que l'honneur, la piété, le respect des dieux et des traditions, ainsi que la loyauté envers sa famille et sa patrie.

Chapitre 28
LES DOUZES TRAVAUX D'HERACLES

Les douze travaux d'Héraclès, également connus sous le nom des "Travaux d'Hercule", sont l'une des sagas les plus célèbres de la mythologie grecque. Ces exploits extraordinaires ont été imposés à Héraclès par son cousin, le roi Eurysthée, dans le but de racheter les péchés qu'il avait commis sous l'influence de la folie imposée par Héra, la déesse jalouse et vindicative. Chacun de ces travaux était une tâche incroyablement difficile, mettant à l'épreuve la force, le courage et l'intelligence d'Héraclès. Voici un récit détaillé des douze travaux d'Héraclès.

Le Lion de Némée (Premier Travail)

Le premier travail d'Héraclès était de tuer le redoutable Lion de Némée, une bête féroce dont la peau était impénétrable aux armes conventionnelles. Armé de sa force inégalée, Héraclès étrangla le lion avec ses mains nues, démontrant sa puissance exceptionnelle. Il utilisa ensuite la propre peau du lion comme une armure, une protection qui deviendra sa marque distinctive.

L'Hydre de Lerne (Deuxième Travail)

Pour son deuxième travail, Héraclès affronta l'Hydre de Lerne, un monstre serpent à neuf têtes qui vivait dans les marais de Lerne. Ce combat était encore plus difficile, car chaque fois qu'Héraclès coupait une tête, deux autres repoussaient à sa place. Avec l'aide de son neveu Iolaos, il réussit finalement à triompher en cauterisant les plaies des cous tranchés pour empêcher la repousse des têtes. Il trempa ensuite ses flèches dans le venin mortel de l'Hydre, une ruse qui devait s'avérer utile dans les travaux futurs.

La Biche de Cérynie (Troisième Travail)

Le troisième travail d'Héraclès consistait à capturer la Biche de Cérynie, une créature rapide et agile aux cornes d'or, qui appartenait à la déesse Artémis. Après une année de poursuite acharnée, Héraclès réussit à attraper la biche lorsqu'elle fit une pause dans un pré. Cependant, il décida de relâcher l'animal, évitant ainsi la colère d'Artémis.

Le Sanglier d'Érymanthe (Quatrième Travail)

Le quatrième travail d'Héraclès était de capturer le Sanglier d'Érymanthe, une bête terrifiante aux défenses tranchantes. Le sanglier dévastait la région du mont Érymanthe et semait la terreur parmi les habitants. Héraclès traqua la créature et finit par la capturer, la maîtrisant avec sa force brutale.

Les Écuries d'Augias (Cinquième Travail)

Pour son cinquième travail, Héraclès devait nettoyer les écuries du roi Augias, qui étaient remplies d'excréments accumulés pendant de nombreuses années. Plutôt que de s'attaquer à cette tâche herculéenne manuellement, il eut l'intelligence de dévier deux rivières, l'Alphée et le Pénée, pour les faire passer à travers les écuries, les nettoyant ainsi complètement en un jour.

Les Oiseaux du Lac Stymphale (Sixième Travail)

Le sixième travail d'Héraclès était de tuer les oiseaux du lac Stymphale, des créatures dotées de becs, de serres et d'ailes en bronze. Pour accomplir cette tâche, Athéna lui offrit des castagnettes en bronze. Héraclès se posta en haut d'une montagne et joua des castagnettes, effrayant les oiseaux et les forçant à quitter leur refuge dans les bois. Il les abattit ensuite avec des flèches empoisonnées.

Le Taureau de Crète (Septième Travail)

Le septième travail d'Héraclès consistait à capturer le Taureau de Crète, une créature féroce appartenant au roi Minos. Le taureau ravageait la Crète et semait la terreur. Héraclès, avec sa force prodigieuse, réussit à capturer la bête en l'épuisant et en la ligotant, la ramenant ensuite en Grèce.

Les Cavales de Diomède (Huitième Travail)

Le huitième travail d'Héraclès était de capturer les cavales de Diomède, des juments sauvages et carnivores nourries de chair humaine. Diomède, leur maître, était un homme cruel qui donnait ses invités en pâture à ses juments. Héraclès tenta de les capturer, mais il fut rapidement découvert et attaqué par Diomède et ses soldats. Dans une bataille acharnée, Héraclès les vainquit un par un et donna les hommes en pâture aux juments. Après avoir mangé leur maître, les juments se calmèrent et furent capturées.

La Ceinture d'Hippolyte (Neuvième Travail)

Le neuvième travail d'Héraclès était de prendre la ceinture d'Hippolyte, la reine des Amazones. Initialement, Hippolyte était disposée à donner la ceinture comme un cadeau, mais la médisance d'Héra incita les Amazones à penser qu'Héraclès voulait kidnapper leur reine. Dans la confusion qui s'ensuivit, Héraclès tua Hippolyte et s'empara de la précieuse ceinture.

Les Bœufs de Géryon (Dixième Travail)

Le dixième travail d'Héraclès consistait à voler les bœufs de Géryon, un géant à trois corps vivant sur une île. Héraclès atteignit l'île en utilisant une coupe d'or magique qui lui avait été donnée par Hélios. Il tua le berger et son chien, puis vola les bœufs après avoir vaincu Géryon.

Les Pommes d'Or des Hespérides (Onzième Travail)

Le onzième travail d'Héraclès était de récupérer les pommes d'or des Hespérides, gardées par le dragon Ladon. Ne sachant pas où trouver les pommes, Héraclès demanda l'aide d'Atlas, le titan condamné à soutenir la voûte céleste. Atlas accepta d'aller chercher les pommes à sa place à condition qu'Héraclès tienne le ciel pendant son absence. Héraclès accepta, mais quand Atlas revint avec les pommes, il essaya de s'esquiver. Cependant, Héraclès eut une ruse brillante en demandant à Atlas de reprendre temporairement le fardeau pour qu'il puisse ajuster son manteau. Une fois qu'Atlas soutenait à nouveau le ciel, Héraclès prit les pommes et s'éloigna.

Cerbère, le Chien des Enfers (Douzième Travail)

Enfin, le douzième et dernier travail d'Héraclès était de capturer Cerbère, le chien à trois têtes et à queue de dragon qui gardait l'entrée des Enfers. Héraclès se rendit aux Enfers et demanda la permission d'Hadès pour emmener Cerbère. Hadès accepta à condition qu'Héraclès réussisse à maîtriser la bête sans utiliser d'armes. Héraclès s'avança vers Cerbère, vêtu de sa peau de lion pour se protéger des morsures mortelles, et le saisit par les cous pour l'étouffer. Finalement, il réussit à emmener Cerbère à la surface et à le présenter à Eurysthée.

Les douze travaux d'Héraclès sont un exemple épique de courage, de détermination et de force surhumaine. Ils démontrent la capacité d'un homme à triompher des adversités les plus redoutables, qu'il s'agisse de monstres, de bêtes féroces ou de tâches apparemment insurmontables.

La légende d'Héraclès et de ses travaux continue d'inspirer et de captiver les gens du monde entier, rappelant que la résolution et la persévérance peuvent surmonter les défis les plus monumentaux.

PARTIE 5 : LES MONSTRES DE LA MYTHOLOGIE

Chapitre 29
CREATURES ET MONSTRES DE LA MYTHOLOGIE GRECQUE

La mythologie grecque regorge de créatures extraordinaires et de monstres terrifiants, chacun apportant son lot d'aventures et de défis aux héros légendaires.

Les Gorgones :

Les Gorgones étaient trois sœurs monstrueuses, Méduse étant la plus célèbre. Leurs cheveux étaient constitués de serpents, et leur regard avait le pouvoir de pétrifier quiconque les fixait. Persée, grâce à l'aide des dieux, parvint à décapiter Méduse.

Le Minotaure :

Le Minotaure est une créature mi-homme, mi-taureau, née de l'union de la reine Pasiphaé et d'un taureau sacré. Enfermé dans le labyrinthe du roi Minos à Crète, le Minotaure se nourrissait de chair humaine. Thésée, le courageux héros grec, entreprit de le vaincre en suivant un fil d'Ariane pour trouver son chemin dans le dédale du labyrinthe. Le combat qui s'ensuivit fut féroce, et Thésée finit par triompher de la bête redoutable.

Les Furies (Érinyes) :

Les Furies, également appelées Érinyes, étaient des divinités infernales chargées de punir les crimes et les péchés. Elles étaient représentées comme des femmes ailées aux cheveux serpentins

Les Harpies :

Les Harpies étaient des créatures ailées dotées de visages de femmes et de serres d'oiseaux. Elles étaient étroitement liées aux tempêtes et étaient connues pour voler la nourriture des mortels. Les Harpies, avec leur nature indomptable, symbolisaient souvent la vengeance divine.

Les Centaures :

Les Centaures étaient des créatures mi-hommes, mi-chevaux, souvent associées à la sauvagerie et à la débauche. L'un des Centaures les plus célèbres, Chiron, se distinguait par sa sagesse et son rôle d'instructeur auprès de nombreux héros grecs, dont Achille et Jason.

Le Cyclope :

Les Cyclopes étaient des géants dotés d'un unique œil au milieu du front. Polyphème, l'un des Cyclopes, fit partie de l'Odyssée d'Ulysse. Lorsque le héros grec et ses compagnons se retrouvèrent prisonniers dans la caverne de Polyphème, Ulysse utilisa sa ruse pour aveugler le Cyclope et s'échapper.

Le Sphinx :

Le Sphinx était une créature énigmatique avec un corps de lion, des ailes d'oiseau et un visage de femme. Elle gardait l'entrée de Thèbes et posait des énigmes aux voyageurs. OEdipe résolut l'énigme du Sphinx, ce qui entraîna sa chute.

Le Cerbère :

Le Cerbère était un chien à trois têtes et à la queue de serpent qui gardait l'entrée des Enfers. Il empêchait les âmes de quitter le royaume des morts. Héraclès, dans l'un de ses douze travaux, réussit à capturer le Cerbère.

Les Sirènes :

Les Sirènes étaient des créatures mi-femmes, mi-oiseaux, renommées pour leur chant envoûtant qui attirait les marins vers leur destin funeste. Ulysse dût résister au chant des Sirènes pour protéger son équipage.

La Chimère :

La Chimère était une créature composite avec un corps de lion, une tête de chèvre et une queue de serpent. Elle crachait du feu et semait la terreur dans la région de Lycie. Bellérophon, monté sur le cheval ailé Pégase, réussit à la vaincre.

Ces créatures et monstres de la mythologie grecque ont laissé une empreinte indélébile dans les récits anciens, apportant une dimension fantastique et mystérieuse aux aventures des héros grecs. Chacune d'entre elles incarne des aspects différents de la condition humaine et des forces de la nature, contribuant ainsi à enrichir le riche tissu de la mythologie grecque.

CONCLUSION

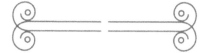

Alors que nous arrivons à la fin de ce voyage à travers les méandres de la mythologie grecque, nous nous retrouvons face à une richesse incommensurable de récits, de divinités, de héros et de créatures. Ce périple nous a entraînés dans un monde où les dieux se mêlent aux affaires des mortels, où les héros défient le destin, et où les monstres hantent les recoins les plus sombres de l'imagination humaine.

Ce livre a été conçu pour vous offrir une plongée profonde dans cette mythologie qui a façonné la culture occidentale et continue d'influencer notre compréhension du monde et de nous-mêmes. Au-delà des récits captivants et des personnages mémorables, la mythologie grecque aborde des questions fondamentales qui résonnent encore aujourd'hui.

Les origines du monde et des dieux, de leur naissance dans le Chaos à l'établissement d'un nouvel ordre sous le règne des Olympiens, nous rappellent que l'univers est en constante évolution. Les dieux eux-mêmes reflètent les aspects les plus profonds de la nature humaine, de la puissance tyrannique de Zeus à la sagesse d'Athéna, en passant par l'amour passionné d'Aphrodite.

Les héros légendaires, de l'intrépide Héraclès au rusé Ulysse, nous montrent que la grandeur réside dans la persévérance, le courage et la compassion. Leurs aventures épiques nous rappellent que la vie est un voyage parsemé de défis et d'opportunités de croissance personnelle.

Les grandes épopées de l'Iliade et de l'Odyssée nous transportent dans un monde de guerre, de nostalgie, et de retour à la maison. Ces récits ne sont pas seulement des récits héroïques, mais des méditations sur la nature de la guerre, de l'identité et de la nostalgie, ainsi que sur la manière dont les expériences de chacun façonnent leur destin.

Enfin, les créatures et les monstres de la mythologie grecque, des harpies aux cyclopes en passant par les centaures, nous montrent que la peur de l'inconnu a toujours été un élément central de l'expérience humaine. Ces créatures incarnaient les peurs et les désirs les plus profonds de l'humanité, et leurs histoires servaient à rappeler aux gens les conséquences de leurs actions.

La mythologie grecque est bien plus qu'un ensemble de récits anciens ; c'est un miroir de l'âme humaine, reflétant nos aspirations, nos craintes, nos triomphes et nos tragédies. Elle continue d'inspirer les artistes, les écrivains, les philosophes et les chercheurs, tout en nourrissant notre compréhension de nous-mêmes et du monde qui nous entoure.

En explorant ces mythes intemporels, nous sommes invités à réfléchir sur notre propre existence, sur nos choix et sur la manière dont nous naviguons dans le labyrinthe de la vie. La mythologie grecque nous rappelle que, bien que les dieux et les monstres puissent sembler lointains, leurs histoires sont ancrées dans l'expérience humaine universelle.

Nous espérons que ce voyage à travers la mythologie grecque vous a enrichi, éclairé et inspiré. Que ces récits continuent de vous accompagner, de vous défier et de vous émerveiller, tout comme ils l'ont fait pour des générations de lecteurs avant nous !

REMERCIEMENTS

Je tiens à exprimer ma gratitude à tous ceux qui ont rendu ce livre possible. Aux nombreux chercheurs et auteurs qui ont préservé et interprété ces mythes à travers les siècles. À l'équipe d'édition qui a soigneusement façonné chaque page de ce livre. Et surtout, à vous, chers lecteurs, pour votre intérêt et votre passion pour ces histoires qui nous fascinent depuis des millénaires.

Donnez votre avis sincère sur Amazon !

Vos suggestions et critiques sont précieuses.

Elles permettent que chaque lecture soit encore plus satisfaisante !

Je vous remercie sincèrement d'avoir lu mon livre.

Je vous souhaite tout le succès que vous méritez !

Source Images

L'auteur et l'éditeur tiennent à remercier particulièrement les sites :

www.pixnio.com

www.lookandlearn.com

www.creazilla.com

www.snl.no.com

www.labs.openai.com

www.bing.com/images/create

Printed in France by Amazon
Brétigny-sur-Orge, FR

21093277R00097